코모 호숫가에서 보낸 편지

코모 호숫가에서 보낸 편지

기술과 인간

로마노 과르디니 저

전헌호 역

북휴 미디어

역자 서문

로마노 과르디니가 저술한 100여 권의 책들은 전례에 관한 책으로부터 성서 해석, 소크라테스나 도스토예프스키에 관한 책, 교육, 윤리 등 주제들이 매우 다양하다. 이들 중에서 역자는 그가 생전에 그의 글들을 출판하도록 했던 마인츠Mainz의 마티아스 그뤼네발트Matthias-Grünewald 출판사에서 1926년에 출판했던 것을 1981년에 재편집하여 출판하였고, 1990년에 다시 편집하여 출판한 『기술과 인간Die Technik und der Mensch』의 전문을 번역하였다.

그의 편지글들은 그가 당시에 지도하고 있던 독일 젊은이들의 모임인 "젊음의 샘Quickborn"에서 정기적으로 발행한 "Schildgenossen"에 1923년부터 1925년에 걸쳐 게재했던 것이다. 이 글을 통해서 그는 당시의 젊은이들이 새롭게 열려 오고 있는 기술 문명의 시대에 대하여 올바른 자세를 갖게 하려고 노력했다.

그의 편지글들은 시간적으로 현재보다 100년이나 앞서 쓴 것이고, 오늘날의 상황이 당시와는 많은 요소에서 차이가 있는 것이 사실이지만, 21세기를 살아가는 자세를 갖추는 데 큰 도움이 될 것으로 생각한다. 역자가 그의 편지글들을 읽는 과정에서, 비록 변화의 형태는 조금 다르지만 내면에 흐르는 변화의 정신은 같은 것이기에, 이전보다 더 빠른 속도로 변하고 있는 현재를 진단하고 가까이 다가오고 있는 새로운 미래를 준비하는 데 큰 도움을 얻었던 것으로 기억된다. 이런 생각이 이 글들을 우리말로 옮기게 된 동기가 되었다.

제1차 세계대전 때에는 의무대의 일원으로 직접 종군했었고, 제2차 세계대전의 와중에는 나치에 의해 대학 강단을 잃었으며, 베를린에 있던 그의 집도 폭격으로 잃는 참담함을 겪었다. 과르디니는 종전 이후에 다시 서게 된 대학 강단에서 희망을 잃은 상태로 강의실에 앉아 있던 전쟁터에서 돌아온 학생들에게 현대 문명을 비판하고 앞으로 나아갈 길을 모색하는 강의를 자주 했었다. 당시의 시대적인 배경이나 학계의 상황을 볼 때, 그가 이러한 주제들에 관심을 두고 생각하고 해결 방안들을 모색했던 것은 선구자적인 자세라고 볼 수 있겠고, 그의 생각들은 오늘날을 살아가고 있는 우리에게도 시사점이 많다고 생각한다.

이 책은 성바오로 출판사에서 출판한 적이 있었다. 그

러나 주목을 받지 못하여 절판으로 잊히는 중이었는데, 나의 제자인 이수연 선생과 여러 제자들의 의지와 수고로 다시 살아나게 되어 기쁨이 크다. 이 책의 출판을 기꺼이 맡아 수고해 준 불휘출판사의 대표와 직원들께 진심으로 감사드린다.

2024년 무학산 자락 호산서재에서,

전헌호 실베스텔 신부

로마노 과르디니에 관한 역자의 해설

로마노 과르디니Romano Guardini, 1885-1968는 사제이며 신학자이고, 종교 철학자이며 문화와 사회 평론가이다. 이탈리아의 베로나에서 태어나 무역업에 종사하던 부친을 따라 한 살 때 독일 마인츠로 이주해 1915년까지 30여 년간 독일 문화를 깊이 습득했다. 그러나 모국의 문화에 대해 깊은 애정을 가진 모친의 영향을 받아 가정에서는 이탈리아 문화 속에서 성장했다. 그의 후대 저서와 활동에는 이러한 성장기의 주변 환경에서 형성된 개성이 드러나고 있는데, 곧 독일과 이탈리아 문화의 다양성을 하나로 종합하려는 그의 정신 세계를 엿볼 수 있다.

18세 때인 1903년 고등학교를 졸업한 후 튀빙겐 대학과 뮌헨 대학에서 화학과 경제학을 공부하면서 문화와 연극, 음악 등 예술 분야에도 지대한 관심을 나타냈다. 문화와 예술에 대한 식견이 풍부해지면서 현대 기술 문명에 대한 문제 의식도 갖게 되었다. 전통적인 가톨릭 집안에서 성장한 그는 뮌헨의 자유분방한 분위기에서 신앙의 위기를 겪게 된다. 그러나 오히려 이 과정을 통해 신앙이

성숙하게 되었고, 마침내 하느님께 자신을 봉헌할 결심을 하게 되었다.

1906년 겨울 학기부터 프라이부르크 대학에서 신학 공부를 시작한 그는 이듬해인 1907년부터 튀빙겐 대학에서 세 학기 동안 신학을 공부하였다. 이 기간 중 도나우 계곡에 위치한 보이론 베네딕도 수도원과 많은 접촉을 하였다. 이 수도원의 전례 생활에서 받은 깊은 감동은 후에 '전례의 정신'Vom Geist der Liturgie에서 승화되어 그를 당대의 유명한 전례 운동가로 부각시켜, 제2차 바티칸 공의회의 전례 개혁에 큰 영향을 끼쳤다.

튀빙겐에서 마인츠로 옮겨 신학 공부를 계속한 그는 1910년 5월 28일 마인츠 주교좌 성당에서 사제 서품을 받았다. 그 후 헤펜하임, 다름슈타트, 보름스, 마인츠 등지에서 보좌 신부 생활을 한 후 1912년 공부를 계속하기 위해 프라이부르크로 가서 요셉 프링스Josef Frings, 마르틴 하이데거Martin Heidegger 등과 함께 공부하였다. 1915년 봄에 「성 보나벤투라의 구원론 연구」란 논문으로 박사 학위를 획득했다.

그 후 교구로 다시 돌아온 그는 청소년 운동의 본산인 유벤투스Juventus의 지도 신부를 맡아 정신적 역량을 서서히 펼쳐 나갔다. 그러나 당시 저명한 철학 교수인 막스 쉘러Max Scheler 등 여러 사람들이 그에게 교수 자격을 얻도록 여러 번 권했다. 1920년 이를 위해 본으로 간 그는 마르틴 부버, 셸러 등 저명한 학자들과 친분을 가지면서 보나벤투라에 대한 연구에 심혈을 기울였다. 논문을 쓰는 일 외에 틈틈이 본 대학에서 '켄터베리의 안셀모'에 대한 강의를 하는 동시에 전례학에 대한 정기 간행물도 발간하였다.

교수 자격 시험이 끝난 1922년부터 본 대학에서 교의 신학을 강의하기 시작했으며 또한 활발한 저술 활동과 다양한 특강을 했다. 그의 특강 '교회의 의미'를 들은 독일 문화부 장관은 프로테스탄트와 비그리스도교적 분위기가 팽배하던 베를린 대학에 그를 위해 '종교 철학과 그리스도교적 세계관'이란 강좌를 개설해 주었다. 베를린 대학에서 그는 '하느님과 세계'란 강의부터 시작하여 학기마다 각기 다른 주제로 폭넓은 강의를 하였다. 소크라테스, 키에르케고르, 도스토예프스키, 니체, 뫼리케, 라베, 릴케 등이 강의 주제였는데, 그는 이들과 그리스도교적 관점을 비교 고찰하였다.

강의 외에 '청소년 운동Jugendbewegung'에도 심혈을 기울였으며 이 운동은 가톨릭 교회 차원을 넘어 제2차 세계대전 이전의 독일 젊은이들에게 큰 영향을 주었다.

1933년 이후 그는 나치스 당원들의 감시를 받아 오다가 1939년 1월 베를린 대학의 정규 강의를 박탈당했다. 그 후 일시적인 휴식을 취하면서 다른 강의들을 비정규적으로 하던 중 1943년 연합군의 폭격을 피해 모스하우젠으로 거처를 옮겼다.

이곳에서 그는 친구의 권유로 자신의 삶과 활동을 정리한 자서전을 집필하였다. 그 밖에도 나치스당에 대한 고찰로서 『신화 속의 구원자』와 『계시와 정치』 등을 저술했다. 종전이 되자 튀빙겐 대학에서 '종교 철학과 그리스도교적 세계관' 강의를 다시 맡았으며, 1948년부터는 뮌헨 대학으로 옮겨 같은 강좌를 계속했다. 수강 신청이 쇄도해 대학에서는 1천여 명 이상을 수용할 수 있는 대강의실을 마련해 주었으나 좌석은 여전히 부족했다.

그는 의도적으로 윤리와 인간학에 대해 강의했으며, 특히 기술 문명의 진보와 그에 따른 문제를 비판했다. 현대 문명의 문제에 관한 그의 예언자적 견해는 1950년과 1951년에 발간된 그의 저서 『근세의 종말Das Ende der Neuzeit』과 『권력Die Macht』에 잘 드러나 있다.

이 무렵 그에게는 수많은 강의와 강연 요청이 쇄도하였다. 그는 자연스럽게 독일의 정신적인 지도자의 역할을 수행했다. 뮌헨 대학 성당에서는 매주일 성당을 가득 메운 청장년들과 미사를 봉헌했으며, 그의 강론은 이들에게 용기와 힘을 불어넣어 주었다. 1962년 대학에서 은퇴했을 때, 그의 강좌를 이어받은 사람은 칼 라너Karl Rahner 였다.

사상 및 저술

과르디니는 자서전에서 밝히고 있듯이 진리를 알고 탐구하는 데 자신의 모든 시간과 정열을 바쳤다. 그는 교의신학 분야에서 박사 및 교수 자격 논문을 썼지만 그의 진리 탐구 대상은 매우 다양했다. 초기에는 전례학자로서 명성을 얻었고, 곧이어 교회론을 비롯한 신학의 모든 분야, 교육학, 문학, 철학, 문명 비판 등의 분야를 연구했다.

진리 탐구의 일환으로 그는 세계에 대한 이해를 전통적인 존재론적 관점에서만이 아닌 현상학적인 입장도 수용하여, 당시만 해도 각자의 영역 안에 분리되어 있던 존재론과 현상학적 세계관의 종합을 시도했다. 인간에 대한 이해에 있어서도, 그는 외적이고 구체적인 현상론에서 출발하여 존재론적으로 고찰함으로써 현상론과 존재론을 연결하였다.

그의 인간 이해는 실체의 개념에 바탕을 둔 전통적인 인격 이해와, 나와 너의 만남의 관계를 강조하는 대화적 인격주의Dialogischer Personalismus 사이에 위치하고 있다. 그는 또한 현대의 기술 과학 문명이 가져올 여러 부정적인 문제들을 예언자적 시각에서 내다보았다. 그리고 인간이 기술 문명을 발달시켜 지배하지만 동시에 그것에 의해서 지배를 받는 상황이 온다는 점을 강조하였다. 그러나 그는 기술 문명으로부터의 도피를 주장한 것이 아니라 오히려 책임감 있는 새 관계의 모색을 권고하였다.

그는 "현대인은 새로운 질서 정립을 통해 이 고삐 풀린 힘들을 다스려 나가야 한다. 그러나 이 새로운 움직임은 기술 문명 자체에서 나올 수 없고, 오직 깨어 있는 생동적인 사람들에 의해서만 가능하다. 곧 깊은 정신력, 통일된 내면의 힘, 진정한 자유, 창의력 등으로 무장된 새 인간들의 세대가 형성되어야 한다"고 갈파하였다. 그가 저술한 책은 그 분야가 다양하고 그 수도 1백여 권에 달한다.

목차

발트 디륵스 Walter Dirks 에 의한 머리말

로마노 과르디니는 상당히 앞서서 앞을 내다보았다. 1924년 어느 날 저녁 산책을 하다가 그는 하나의 생각을 떠올렸는데, 이 생각은 이날 이후로 자신의 기본적인 사상들에 속하게 되었다. 우리가 알고 있는 바와 같이 19세기의 주된 생각은 "진보"였다. 미래의 세계에서는 무한한 가능성을 지니게 되므로 누구든지 학문, 기술, 정치, 예술 등의 영역뿐만 아니라 심지어 종교적 영역까지 포함하여 어떤 영역에서든지 무조건 앞으로 나아가야 하며, 그렇게 나아갈 수 있을 것으로 여겼다. 이러한 생각과 지구 위에 존재하고 있던 식민지들과 문화들에서 최후의 한 사람에게도 세례를 주어야 한다는 생각, 상인들에 의한 자본주의의 팽창 그리고 제국주의적 군대 등 이 모든 것이 서로 아무런 마찰도 없이 깊이 섞여 있었다.

그러나 이제 지구는 한정된 존재라는 것을 알게 되었으며, 앞뒤를 생각하지 않고 곧장 앞으로 나아가는 진보는 머지 않아 한계점에 도달하여 이미 존재하고 있는 요소들에 의해 반격을 받게 될 것이라는 사실을 알게 되었다. 우리가 이러한 것을 이해하기 시작하게 되면 "언제나 그대로 앞으로 전진"이라는 구호는 완전히 다른 어떤 요소, 즉 "상호 정리, 정돈하는 것"에 의해 제거되고 말 것이다.

나는 반 세기가 지난 이후 로마 클럽이 『성장의 한계』에 대하여 발표했을 때 과르디니의 이러한 지혜에 대하여 생각하지 않을 수 없었다. 로마 클럽은 새롭고도 충분한 증거들과 함께 자신과 과르디니의 테제를 제시하여 많은 동시대인들이 놀라움과 함께 동감하게 했으며, 이러한 것에서 환경 운동이 성장되어 나오게 되었다. 『코모 호숫가에서 보낸 편지들』은 남보다 일렀던 과르디니의 관찰들과 느낌들 그리고 예언들을 섬세하고도 품위 있게 기술한 글이다.

과르디니가 이러한 요소들을 친구들에게 문헌적인 편지글들로 기록하여 보내야 한다는 내적인 의무감을 느낀 것과 그러한 것을 수행해 나갈 수 있는 능력을 가진 것에는 그의 생애에서 상호 보완 작용을 한 두 가지 전제 요소들이 큰 역할을 했다. 하나는 문화에 대한 그의 민족의 섬세한 감각적-정신적인 소질이다. 이탈리아 사람들, 그 중에서도 특히 토스카나Toscana 지역과 이 지역의 북부 지방 사람들은 - 과르디니는 베로나Verona 출신이다 -

우아하고도 세련된 분위기의 도시들과 그 속에서 살아가는 것이 편안한 인간적인 분위기의 농촌을 형성하였으며 이러한 것을 사랑했다. 지중해 지역에서 살아가는 이들은 경우에 따라서 자연을 정복하여 부담을 주기도 했지만 자연과의 조화 속에서 살아가는 삶을 개발하여 자연을 무차별적으로 지배하는 존재가 아니라 자연의 섬세한 동료로서 살아갔다.

과르디니가 자신의 이 편지들을 쓴 코모 호수가 있는 레코Lecco 지방은 만초니Mazoni가 쓴 고전적이고 낭만적인 소설 『약혼자들』의 내용이 전개되는 배경 지역이다. 이탈리아 사람이면 누구나 학교에서 "약혼자Promessi sposi" 를 알게 되고 사랑한다. 호수의 남동부 지역에 펼쳐져 있는 목가적인 풍경과 북쪽 호반湖畔에 자리잡고 있는 별장들과 공원들, 여기에다가 토스카나에 대한 추억, 아직도 잊히지 않는 인문주의적인 실제와 여기저기 흩어져 있으면서 증거하고 있는 그 몰락의 파편들 등은 과르디니가 생각을 전개해 나가도록 하고, 그의 슬픈 감정을 북돋우며, 그의 전망들과 희망들에 영향을 준다.

그러나 과르디니가 자란 곳은 독일이다. 독일에서도 이탈리아의 문화적 분위기와 자주 비교되던 지역이자 도시 주변의 전원 지역에 가까웠던 라인가우Rheingau에서 자랐다. 독일에서도 그는 어떤 요소를 발견하게 되었다. 독일에서 사람들은 자연을 사랑하고 자연과의 직접적인 관계를 좋아하지만 독일의 평야 지대와 중부 지역이 인간들의 지나친 개입으로 이제 더이상 순수한 자연으로 머물지 않고 있음을 인식하지 못한다는 사실을 그는 알게 된 것이다. 베로나에서 온 이 마인츠Mainz의 김나지움 학생이 독일의 낭만적인 자연 예찬과 자연 사랑을 드러내는 소박한 형태들에 의해 영향을 받았을 수도 있고 아닐 수도 있는데, 하여간 그는 이후 그가 독일의 젊은이 운동에 상당한 관심으로 함께했을 때 이 두 가지 요소들을 근본적으로 깊이 다루었었다.

그는 미래를 향한 하나의 새로운 길을 함께 찾아내고자 프란치스코 회원들의 분위기를 지니고 순례의 삶을 살아가는 젊은 남녀들을 많이 알게 되었다. 자연과의 강력한 일치와 미래를 향한 의지 그리고 젊은이들의 공동체적 삶이 과르디니를 끌어당겼다. 과르디니는 젊은이들의 모임인 "젊음의 샘Quickborn"을 설립했던 첫 세대들을 이어서 지도자로서 활약했었는데, 그는 그가 이 단체에서 오직 주기만 하는 존재가 아니었음을 자주 언급하곤 했었다. 그는 이 모임에 참여하는 젊은이들의 순수한 열정으로부터 많은 것을 배웠으며, 이 운동이 자신에게도 깊은 영향을 미쳤으며, 형제적인 관심과 사랑으로 많은 일들을 전개해 나갔었다. 여기에 함께했던 젊은이들은 모두 가톨릭 신자들이었고, 그래서 이 모임은 처음부터 단순히 젊은 신부이자 협조자와 함께한 것이 아니라 그 안에 들어 있는 이탈리아인과 함께한 것이다.

과르디니는 이러한 존재로서 독일의 젊은이들이 모인 이 모임에 약간의 혼란도 제공하는 일없이 소중하고 많은 열매를 맺은 낯선 매력을 지녔었다. 그의 젊은 친구들이 자연을 찬미하는 것에 그리고 문명에 적대적인 감정을 지니는 것에만 머물지 않고 자기 자신과 교회와 사회 모두의 쇄신을 자신들이 수행해 나가야 할 하나의 문화적 과제로 삼은 것은 과르디니의 라틴적인 감각에 크게 영향을 받아서 그렇게 된 것이다. 그래서 코모 호숫가에서 보낸 편지들이 쓰여지게 된 "삶의 자리Platz im Leben"는 1920년에서 1930년 사이를 살아간 수많은 젊은이들 질문하고, 배우고, 의심하고, 희망하는 자의식이다.

여기에 함께했던 젊은이들의 수는 수만 명에 달하고 이와 비슷한 수의 젊은이들이 이 모임에 관심을 가지고 있었다. 이 편지글들은 80년대 이후를 살아가고 있는 오늘날에도 이 편지글이 지닌 독특한 양식과 반세기라는 시대적 차이, 그리고 모든 이에게 해당될 수 없는 것이라는 것에도 불구하고 상당히 넓은 층의 사람들의 관심을 불러일으킬 것이라는 생각이 든다. 이 편지글들이 함축하고 있는 내용은 오늘날 심각해져 가고 있는 "환경 문제"에 관심을 가지고 있는 모든 이들에게 상당히 와닿는 것이다. 독자는 환경 문제들에 대한 자신의 질문들에 대한 답변을 이 편지들 안에서 발견하게 될 것이다. 이 답변은 원자력 시대를 살아가고 있는 오늘날에도 그대로 유효하게 적용되는 하나의 기본적인 위치에서 제공하는 답변인 것이다.

과르디니가 코모 호숫가에서 인식하여 써 보낸 것은 인간을 위한 기본적 의무감에서 예리한 관찰력을 가지고 고안하는 한 인간의 제의들인 것이다. 이 뒤에는 내가 앞에서 언급한 위대한 사고력이 숨어 있다. 그는 현실에서 드러나는 각 개별적인 경향들에서 일반적인 것을 생각해 내고, 특별히 세련되게 서술해 낸다. 이러한 것으로 그는 이미 금세기 30년대에도 오늘날에 들어서야 드러나고 있는 위기를 예언할 수 있었다.

편지 모음

첫 번째 편지

사랑하는 친구에게!

두 마리의 말똥가리 새들이 숲가에서 노래하던 그날 오후를 생각하니? 이따금 새들은 숲에서 벗어나서 푸른 창공을 마음껏 날아오르곤 했었다. 우리의 눈길은 창공을 맴돌던 새들에게 가 있었고, 우리들 내면의 삶은 모아져서 그 창공에 떠 있는 깨끗하고 매혹적인 힘에 이끌렸으며, 우리 존재 전체의 공간이 충만되어 있음을 느꼈었다.

저 멀리 아래로는 줄지어선 산봉우리들이 솟아나 달리고 있으며, 그 뒤에는 내가 이십 년 이래로 가 보지 못하고 있는 들판이 기다리고 있다. 내가 만약 힘이 센 남자로서 그곳에 다시 한번 더 다가간다면, 그것은 나에게 많은 것을 의미할 것이다.

우리는 우리 자신들의 삶에 대해서, 그리고 일반적으

로 일어나는 일의 모든 것에 대해서 대화를 나누었고, 이러한 대화들은 서로 어우러져 하나로 일치해 들어갔다. 여기서 나는 내가 어디에서나 느끼는 하나의 의문에 대하여 이해하려고 노력했었다. 이러한 의문 사항이 점점 더 강하게 등장하고 있음을 나는 이미 오래 전부터 느끼고 있었다. 그리고 우리가 이 의문 사항에 대한 대답을 찾아내느냐 그렇지 못하느냐는 사실에 우리 존재의 생생함이 - 단순히 생각의 생생함뿐만이 아니라 - 크게 달려 있다는 사실을 알고 있었다. 그 뒤 나는 이탈리아로 내려왔고, 여기에서 그 의문점은 완전히 심각하게 되어 버렸다. 이 의문은 나에게 이곳의 이 모든 아름다움이 슬픔으로 가득 찬 것으로 보이게 했다. 이제 나는 여기에 두 번째로 와 있고, 이제는 내가 이 모든 것을 파악하도록 시도해 보아야 할 시기가 되었다. 이 의문 안에는 많은 것이 놓여 있다. 이 의문은 일어나고 있는 일들의 의미에 대하여 알고 싶어하고 있는 것이다. 이것에 대한 대답은 우리를 하나의 결단의 상황 앞에 내세우는데, 나는 이 모든 것 안에서 상당히 강한 압박으로 다가오는 현재 일어나고 있는 일들과, 지혜를 동원하여 이것을 극복해 나가는 작업 중에서 무엇이 더 강한 존재가 될 것인가에 대하여 아직 알지 못하고 있다.

우리는 수많은 해에 걸쳐 많은 것을 함께 생각해 왔었다. 우리가 함께한 말들 가운데 일부분의 이면에 무엇이 존재하고 있는지 너는 알고 있다. 이러한 것이 나에게 도움이 될 것이다. 물론 그것이 언제나 완벽하게 유효한 것일 수는 없다. 나는 마치 어디에서나 발생하여 힘차게 부풀어 다가오기도 하고 내려앉기도 하는 큰 파도의 중심에 서 있음을 느낀다. 나는 내가 방향들과 길들을 올바로 찾아낼 수 있는지 보고 싶다. 나는 우리 시대에 일어나고 있는 수천 종류의 형태들과 사건들 모두가 앞으로 어떻게 진행되어 나갈 것인가에 대하여 알고 싶다. 처음으로 이 모든 것에 대하여 분명하게 인식했을 때 나는 무척 놀랐고, 나 역시 이러한 것에 함께하고 있음을 느끼고 있다. 나는 이것이 무엇인지 반드시 알아야겠다. 너는 오이디푸스가 스핑크스로부터 질문을 받았었고, 그가 올바르게 대답을 하느냐 못하느냐에 따라 사느냐 죽느냐가 달려 있다는 것을 알고 있다. 나에게는 우리도 이미 이러한 질문을 받고 있는 것으로 여겨지고 있고, 특히 나는 완전히 개별적으로 이러한 질문을 받은 것 같이 느껴진다. 이러한 질문이 어디로 계속 나아갈지 나는 아직 모르고 있다. 나는 이제 한 발자국 한 발자국 풀어 나가기 시작해 보겠다.

내가 이탈리아 땅에 들어서자마자 나는 상당히 많은

의미를 담고 있는 것이 나에게 말을 걸어오고 있는 것을 느꼈다. 개중에는 나를 매우 슬프게 만드는 것도 있었다. 유럽이라는 것이 나의 의식에 강하게 부각되어 왔고, 하나의 민족에게 속해 있는 소속감, 혈육을 함께하고 있는 소속감, 그뿐만이 아니라 신뢰와 정신을 함께하고 있는 소속감도 강하게 의식되어 왔었다. 인류라는 것, 세상이라는 것 등이 실질적으로 내가 그 위에서 살아가는 땅위에 놓여 있는 요소들인 것으로 내게로 다가왔으며, 이들은 살아가는 데에 필수 불가결한 요소인 바깥의 공간이나 내가 육체적으로 숨을 쉬는 공기처럼 하나의 실제적인 공기요, 실제적인 공간인 것이다. 그 슬픔 전체는 매우 크고 강하였다. 이 슬픔은 보통의 슬픔이 아니었다. 이 슬픔은 바로 다음과 같은 것이었다 ; 나는 나를 둘러싸고 있는 주변 전체에서 하나의 커다란 죽음이 시작된 것으로 느꼈던 것이다.

내가 이러한 것을 너에게 어떻게 말할 수 있을까? 북쪽에서는 이미 거의 보편화된 것이 여기에서도 시작되고 있는 것을 나는 보았다. 지금까지는 문화를 가졌던 지방에 기계가 들어오고 있는 것을 본 것이다. 끝없는 아름다움으로 가득 찬 삶에 죽음이 다가온 것을 나는 보았고 다음과 같이 느꼈다 ; 이것은 사람이 인내하면 견뎌 낼 수 있고 견뎌 내면 그대로 그것만으로 머무는 외적 손실만을 의미하는 것이 아니다. 이 세상에는, 오직 이 세상에서만 존재할 수 있는 최상의 가치를 가진 삶이 존재하는데 이것이 우리가 살고 있는 북유럽 지역에서는 이미 벌써 가라앉았고, 여기에서도 이제 가라앉기 시작하고 있는 것이다.

내가 브리안차Brianza 계곡을 따라, 밀라노에서 코모 호수까지, 기차를 타고 오는 동안에 높은 산으로 둘러싸여 꾸준한 노력으로 잘 다듬어진 풍성하고, 넓고 거센 갖가지 모양의 밭들을 창 밖으로 바라보았을 때 나는 내 눈을 믿으려 하지 않게 되었다. 어디에나 사람이 살지 않는 땅이 없었던 것이다. 계곡들과 비탈진 땅들이 모두 도시들과 마을들로 덮여 있었다. 자연 전체가 사람들에 의해 새롭게 형성되어 있었다. 본격적인 의미로 문화라고 불리는 것이 나와 마주 대하며 등장했다. 그것은 듣기 좋은 화음으로 충만된 것으로 보였다. 지붕들의 선들은 이리저리 다양한 방향으로부터 달려와서 분명한 일치를 이루고 있었는데, 그 지붕들이 연결되어 이어가는 선은 도시 전체에 걸쳐 있었다. 그것은 마치 하나의 산 위에 앉아 있는 것처럼 보였다. 한편으로 계곡의 움직임에 따라 놓여지고, 다양하게 연결되어져 있었으며, 마침내 웅장한 높이의 종각 탑에 의해 치솟아 올라 있었다. 모든 것이 잘 가꾸어진 산속에 놓여 있었다. 이 문화는 매우 우아하고 그러면서도 지극히 당연한데, 나는 자연스럽다는 말 이외의 다른 어떤 단어로도 이것을 표현해 낼 수가 없다. 구석구석 인간의 손이 가지 않은 곳이 없어 인간 정신의 영향이 배여 있으며, 소박하고 완전하다. 나는 이러한 것을 별로 크게 배운 바도 없는 매우 단순한 사람이 그의 말과 행동에서 표현하는 것에서 자주 재발견하게 되는데, 그는 이러한 사실에 대하여 특별히 아는 것도 없이 그렇게 한 것이다. 이러한 요소들은 그의 성장 과정 중에 그의 본질 안으로 들어간 것이며, 천년의 기간이 걸리며 형성된 유산인 것이다. 자연스러워진 문화… 우리가 그 안에서 살아가면 마치 공기나 태양과 같이 지극히 당연한 것이 되어버리는 이러한 경이를 표현하기 위한 말을 나는 어디에서 구해 와야 할지 잘 모르겠다. 그것은 그 안에 모든 것이 들어 있는 하나의 분위기이며, 모든 것을 움직이는 리듬이며, 인간이 그 속에서 번창하는 존재의 한 방식이다. "우르바니타스Urbanitas" 이 말은 본질적으로 그 속에서 "후마니타스humanitas"가 고귀하게 잘 다듬어져 인간이 번창할 수 있는 도시에서의 삶, 도시의 공기를 의미한다. 그리고 여기에서의 자연은 아무런 문제없이 문화로 넘어갈 수 있는 그런 존재이다. 이러한 종류의 인간과 도시 존재 그리고 예술이 어느 한 사람에게 다가오게 되면 그것이 그 사람에게 낯설어 마침내 그가 죽게 되는 그런 것이 아니다. 이러한 자연이 얼마나 인간적이고, 인간이 그 속에서 가능성을 얼마나 많이 느끼며, 얼마나 분명하고도 다할 수 없이 깊은 의미에서 인간으로서 그 안에 존재할 수 있는가에 대해 잘 설명해 낼 수 있는 재간을 나는 가지고 있지 않다.

그러나 나는 어느 날 갑자기 노래하는 듯이 이어지는 작은 전원 도시 안에 거친 네모진 상자 모양의 공장이 들어서 있는 것을 보았다. 모든 오르막들과 내리막들, 모든 종류의 모양들과 연결 부분들 등이 명쾌한 조화를 이루고 있는 마을의 높은 종탑 옆에 어느 날 갑자기 시커먼 연기를 내뿜는 공장 굴뚝이 들어와 버렸고, 이것은 이 모든 조화를 한꺼번에 깨트리고 말았다. 그것은 참담한 것이었다! 네가 이러한 현상에 대해서 올바로 이해하기 위해서는 어느 정도의 수고를 해야 될 것이다! 저 위 북쪽의 우리에게는 이 모든 것이 이미 일상화된 것이다. 우리는 우리 주변 환경이 황폐화되어 가고 있는 것 이외에 다른 것을 알지 못하고 있다. 우리는 불가피한 것 안에서 가치 있는 것을 인식해 내는 것에 대하여도 배운 바 있다.

이러한 새로운 세계를 바라보는 눈이 우리에게 열리기 시작했으며, 우리는 이미 이 세계에 대하여 대처해 나갈 수 있는 힘을 찾아 나가고 있다. 그러나 여기의 상황은 북쪽과 같지 않았다! 여기서는 인간에 가까운 삶의 형태 속에서 살아가고 있었다. 여기는 인간과의 조화가 유지되는 자연이었던 것이다. 그런데 내가 지금 여기에서 파괴가 들어오는 것을 본 것이다. 이러한 것에서 나는 북쪽에서의 삶이 오래 지속되는 동안에 내게 이미 습관이 되어 버린 것에 대하여 인식하게 되었다. 그것은 바로 자연스러운 인간성과 인간과 조화를 이룬 자연의 세계가 몰락하고 있다는 사실이다! 이것이 얼마나 큰 슬픈 사실인가에 대하여 나는 네게 다 설명해 낼 수가 없구나. 그것이 얼마나 좋은 삶인가에 대하여 사람들이 일찍 깨달았더라면 좋았을 것인데, 이제 이러한 삶이 몰락해 가고 있는 것을 사람들은 보고 있는 것이다. 여기서 나는 횔덜린Hölderlin[1]에 대하여 이해하게 되었다!

나는 "인간"이 본격적인 의미의 삶을 더이상 살아갈 수 없는 하나의 세상이 솟아 올라오고 있는 것을 분명하

1 역주 : 프리드리히 횔덜린(Friedrich Hölderlin 1770–1843), 독일의 시인. 과르디니는 그에 대하여 행한 자신의 강의를 책으로 편찬했다. 뮌헨(München)의 쾨셀(Kösel) 출판사에서 1980년에 재차 간행한 바 있다.

게 느끼고 있다. 어떤 형태로든 하나의 비인간적인 세상이 시작된 것이다. 그리고 나는 남쪽 나라의 사람은 이러한 새로운 세상을 조절해 낼 수 없는 것에 대해 걱정하게 되었다. 이 엄청난 새로운 세상에 대처해 나가기 위한 작업에 필요한 지독한 진지성, 폭력적인 힘, 내적 성숙 등을 이들 남쪽의 사람들은 가지고 있지 않은 것이 염려스러운 것이다. 기계의 세상은 북쪽에서 오며, 북쪽의 사람은 이러한 세상을 고집해 나간다. 남쪽에서 이 기계의 세상은 완전히 노출된 야만적인 행위를 가져오게 될 것이다.

몰락의 시기는 언제나 슬픔을 가져오는데, 우울증이 몰락을 향할 것으로 정해진 삶 위에 특히 깊숙이 놓이게 된다. 이 몰락의 삶이 바로 우리에게 속해 있음을 사람들은 느끼고 있다. 여기에서는 삶의 가능성들마저도 가라앉게 되는 것이다…

말로 다 표현해 낼 수 없는 아름다움이 여기에 있는데, 그러나 나는 이것에 대해 더이상 기쁨을 가지지 못할 것 같다. 앞을 내다보는 사람이면 이러한 상황에서 어떻게 기쁨을 가질 수 있는지 나는 이해가 가지 않는다.

두 번째 편지

사랑하는 친구!

첫 번째 받은 그 인상은 오래 남아 있단다. 이것은 점점 더 깊어질 것으로 생각되는구나. 사람들은 진보에 대하여 기뻐하고 있다. 물론, 진보는 그들에게 일자리와 먹을 음식을 제공한다. 진보가 없다면 일자리를 찾아서 낯선 땅으로 떠나가야 할 많은 사람들이 진보가 가져온 일자리 덕분에 고향에 머물게 된다. 삶을 살아가는 데에 존재하던 여러 종류의 궁핍과 위험들이 사라져 버리게 된 것이다. 호숫가를 수없이 많은 자동차들이 꼬리에 꼬리를 물고 달려가고, 공장과 공장이 연이어 들어선다. 모든 것이 전기화電氣化 되며, 모든 것이 건설되고 작업된다. 내가 북쪽에서 온 어떤 한 사람에게 이 모든 것이 의미하는 것에 대해 설명을 하니, 그는 나의 설명을 잘 이해했다. 그러나 그는 파괴는 필요한 것으로 여겼다. "이렇게 되기도 하는 거지 뭐!" 그는 마침내 심통해졌다 : "그렇다면 우리 고장은 계속 가난하게 머물러서 이곳 주민들이 밖으로 많이 이주해 가야 하겠네? 그래서 너희들이 이곳에서 낭만적인 분위기를 만끽하도록 말이야!" 나는 그가 옳다고 여겨 주는 수밖에 없었다.

그러나 계속 진행되고 있다는 것은 참으로 무서운 것이다. 내가 너에게 너무 지루하게 말하고 있지나 않니? 너, 이런 것 아니? 만약 어떤 문제가 어느 한 사람에게 아주 개인적으로 가슴에 와닿아 있었는데 그것이 어느 날 갑자기 객관적이고 역사적인 형태로 자기 앞에 놓여 있는 것을 보게 될 경우 그가 그것을 금방 소화해 내지 못하게 되는 것 말이야! 문화의 문제가 나에게는 여기서 점점 더 분명해지고 있다! 자, 이 세상 어느 곳에 말 그대로 손대지 않은 순수한 자연이 있는 것을 생각해 보자. 이 자연과는 우리가 처음부터 지금까지 어떠한 관계도 가진 바가 없다. 칼 슈미트Carl Schmitt는 그가 로마 가톨릭에 대해서 쓴 작은 책에서 - 이 책을 나는 이곳으로 오는 차안에서 읽었다 - 다음과 같은 사실을 올바로 바라보았다 : 완전히 손대지 않은 순수한 자연에 대한 그리움 또한 지나치게 인위적으로 다듬어진 세상에서 살아가야 하는 조건에서 발생되어 나온 하나의 문화적 결과인 것이다. 자연이 우리에게 실질적으로 관계를 가지게 되는 것은 그 자연이 인간에 의해 다듬어지고 그 안에서 인간이 살아가게 되면서부터, 즉 그 안에서 문화가 시작되면서부터다. 한번 시작된 이러한 과정은 그 다음에 계속 진행되어 나간다. 자연의 한 부분, 두 부분, 야금야금 새롭게 다듬어져 나가게 된다. 인간은 이 안에 자신의 고유한 세계를 만들어 간다. 자신의 생각에 따라 새롭게 구성해 나가고, 단순히 자신의 내면에 존재하는 자연적인 본능에 따라서만 지배하는 것이 아니라 어떤 목적들을 지향해서, 정신적인 요소들에게 도움이 되도록 지배한다. 즉 자연을 그가 하고자 하는 목적에 맞추어 그에 의해 구성되는 하나의 환경Umwelt으로 만드는 것이다.

이제 이렇게 인간에 의해 구성된 세계는 자연 세계에 대하여 어떻게 존재하고 있나? 이 인간에 의한 세계는 불가피하게 자연 세계로부터 점점 멀어져 가게 된다. 인간에 의한 세계는 자연 사물들과의 관계들을 잘 고찰되고, 원해지고, 질서 지어지고, 만들어진 영역, 즉 어떤 형태이든간에 하여간 자연과는 멀어지는 다른 영역으로 이끌어 간다. 말하자면 문화의 영역으로 이끌어 가는 것이다. 이러한 문화의 세계에서 인간이 살아간다. 동물들이 살아가는 질서, 즉 일차적인 자연 속에서는 인간이 생존해 낼 수 없는 것이다. 인간으로서 살아간다는 것은 정신에 의해 형성된 세계에서 살아가는 것을 의미한다. 그러나 정신이 작용할 수 있는 것은 인간이 자연이 가진 일차적인 실재 요소를 취할 때 가능한 것이다. 정신의 작용은 의식의 영역에 의해 자연적인 실재와 자연적인 관념의 영역이 의문에 처해지고, 어느 정도 이완되고 희석될 때 가능해지는 것이다. 이러한 나의 견해에 나 스스로 이의를 제시한다면 정신도 하나의 실재이고, 자연 자체를 조금도 약화시키지 않고, 있는 그대로 파악해 낼 수 있는 능력을 지니고 있어야 한다. 이러한 사실에도 불구하고 정신이 이룩하는 모든 일에는 중단할 수 있는 것, 그것으로부터 벗어날 수 있는 것, 자연의 진보와 같은 일종의 자기수련Askese이 전제되어야 하는 것으로 보인다. 그렇게 될 때에야 비로소 인간은 자신의 일을 제대로 해 나갈 수 있는 것이다.

이렇게 문화는 처음부터 자연과는 낯선 어떤 것, 즉 비실재적인 것, 인위적인 것을 자신 안에 내포하고 있는 것으로 보인다. 이러한 것은 하나의 일정한 한계선, 즉 정신적인 요소들이 최대로 충만되는 선에 도달할 때까지 상승해 나간다. 이러한 문화는 자연으로부터 멀리 떨어져 있으며, 이러한 것은 이 문화의 본성 안에 놓여 있는 것이다. 그렇지만 이 문화는 아직도 자연과 상당히 가깝고 신축성 있게 일치하고 있다. 그래서 이 문화는 "자연스러운 존재"로 머물러 있고, 자연적인 요소들이 이 안에서 맴돌 수 있는 것이다.

내가 여기서 말한 것이 순전히 빈 껍데기로 머물지 않도록 하기 위해서 몇 가지 예를 들겠다. 우선 돛단배를 보자. 코모 호수에는 큰 화물도 실어 나를 수 있는 제법 무거운 돛단배들이 왕래하고 있다. 그러나 나무와 천 그리고 바람의 힘이 서로 잘 작용하여 가능한 대로 가볍게 잘 나갈 수 있도록 멋지게 구성되어 있다. 만약 이런 종류의 어느 한 돛단배가 바람을 타고 항해해 나간다면 그 모습을 보는 나의 마음은 마치 어떤 완성된 일이 한 사람을 내면으로부터 가볍고 밝게 하는 것과 같이 매우 상쾌할 것이다. 역사가들은 이것에 대하여 무엇이라고 말할는지 나는 알 수 없지만, 어떤 사람이 나에게 로마 시대의 배들도 이와 같았다고 말한 것은 나의 믿음이 가는 것이었다. 아주 오랫동안 전수된 것이 여기에 있는 것이다. 어떤 사람이 아름다운 곡선으로 잘 굽혀진, 조화롭게 정돈된 목재들과 팽팽히 펴진 천으로 물과 바람을 잘 조절해 나갈 때, 이 안에 얼마나 멋진 문화적 요소가 들어 있는지 너는 그것을 인식하니? 나는 인간이 만든 원초적인 작업의 창의성을 아주 깊이 느꼈다. 정신으로 가득 차 있고, 그 완전히 조화로운 움직임, 이것으로 인간은 자연의 힘을 정복한 것이다! 물론 인간은 이러한 작업을 통해 자연과 어느 정도의 거리감을 가지게 된 것은 사실이다. 인간은 더 이상 새나 물고기와 같이 바람과 물의 영역에 직접적으로 들어 있는 것이 아닌 것은 분명하다. 디오니시오와 같이 자연에 완전히 내맡기는 그런 것은 더이상 존재하지 않는 것이다. 나는 이전에 남쪽 지역의 바닷가 사람들이 즐거운 놀이로 단순한 판자 위에 자신의 몸을 싣고 파도를 타며 즐기는 것에 대하여 읽은 적이 있다. 이러한 사람에게는 자연과의 깊은 일치 속에서 오는 그 편안함과 기쁨이 얼마나 크게 다가오겠는가? 마치 그 자신이 하나의 물속에 사는 존재이거나 파도의 일부와 같이 여긴다! 그 사람에 비해서 여기 놓여 있는 완성된 돛단배에는 벌써 거리감이 존재한다. 인간은 이미 자연으로부터 일정한 거리를 유지하고 있는 것이다. 그는 자연을 포기했고, 그의 발은 자연으로부터 벗어나 있으며, 자연을 "극복한" 것이다. 자연과의 관계는 낯설어져 식어지고 말았다. 오직 이러한 과정을 거쳐야만 문화, 정신적 작업이 만들어질 수 있었다. 그러나 이러한 것도 얼마나 자연과 가까운 것인가에 대하여 너는 느끼고 있지 않니? 그렇지? 돛단배의 선이나 크기 등은 파도와 바람의 세기 그리고 사람의 생명력과의 깊은 일치 속에 머물러 있다. 그리고 돛단배를 조절하는 사람도 파도들과 바람과의 밀접한 관계 속에 머물러 있다. 그는 파도와 바람의 힘에 아주 가까이 서 있다. 그의 눈과 손 그리고 몸 전체는 팽팽히 긴장되어 있다. 참다운 문화는 자연 위로 들어 높여지기는 하지만 그러나 결정적으로 자연에 아주 가까이 놓여 있다. 인간은 이 속에서 매우 생동적이며, 정신으로 가득 찬 몸을 지니고 있는 것이다. 그가 자연을 그의 정신의 힘으로 극복하기는 하나 그 자신은 "자연스러운 존재"로 머문다. 그러나 자연과의 거리가 좀 더 멀어지는 것을 보자. 내가 이러한 종류의 멋있고 우아한 배에 휘발유 엔진이 달려서 돛을 접어 두고 요란한 소리를 내며 마치 괴물과 같이 파도를 가르며 달리는 것을 보았을 때, 나의 가슴은 찢어지는 것 같았다. 이러한 현상이 더 앞으로 나아간 것을 보자. 돛단배에서 증기선이 된 것 말이다. 커다란 증기선, "문화"인 것, 기술의 찬란히 빛나는 업적! 그러한 하나의 거대한 물체가 바람이나 날씨와는 상관없이 바다 위를 이곳저곳으로 다닌다. 이 물체는 너무나 커서 자연은 이것을 어떻게 할 수 있는 힘을 더이상 지니지 못하고 있다. 그 속에 들어 있는 인간은 자연을 더이상 느끼지 못한다.

사람들은 먹고 잠자고 춤추면서 마치 대도시에 있는 집안이나 거리들에서와 같이 살아간다. 이러한 삶 안에서 매우 중요한 어떤 것을 잃고 있다는 것을 너는 느끼고 있니? 여기에서는 진보가 단순히 배가 좀 더 커지고 좀 더 잘 구비되는 등 점차적으로 앞으로 나아간 것일 뿐만 아니라, 사람이 정확하게 선을 그을 수 없는 경계선으로부터 벗어나서 자연과의 생생한 관계를 잃어 가게 된 것이다. 그런데 사람들은 이러한 경계선을 넘어서고 나서야 비로소 그 선을 넘어섰다는 사실을 인식하게 된다. 우리가 "돛단배"라고 표현하는 인간 문화의 원초적 현상은 자연과의 친밀한 관계 안에 있었다. 그러나 문화는 한 인간 전체의 생동적인 움직임과 이웃과의 관계에 의해서 점점 더 새로운 차원으로 진행되어 갔고, 이제 이러한 생생한 삶은 더이상 존재하지 않게 되었다. 돛단배에서는 인간이 자연스러운 존재로 자연과의 친밀한 관계를 활기 있게 유지해 나가는 정신을 지니고 있었다. 그는 자연스러운 문화 속에 있었던 것이다. 그러나 현대적인 커다란 기선 속에서의 그는 완전한 인위적인 상황 속에 놓여 있는 것이다. 자연은 가능한 대로 멀리 내던져졌다. 이러한 표현으로 충분히 다 표현된 것이 아니다. 자연은 생동적 인간적인 탄력성의 한계선에 비추어 보아 결정적으로 제거된 것이다. 자연은 결정적으로 먼 곳으로 제쳐져 버려진 것이다. 그 자연 속에 특별한 의미의 "인간적인" 현존을 가능하게 해 준 하나의 질서와 삶의 공간이 있었다. 기선 위에는 이러한 것이 더이상 없는 것이다. 뱃사람조차 더이상 그 단어가 뜻하는 본래적 의미로 충만한 기본 형태의 인간적 현존재로서 존재할 수가 없는 것이다. 커다란 기선 위의 사람들은 어떤 하나의 공장에서 일하는 기사들이나 직원들과 크게 구별되지 않는다.

내가 무엇을 의미하고 있는지 너는 이해하고 있니? 다른 한 예를 들어 보자. 이탈리아의 좀 오래된 집들 어디에서나 - 특히 시골에 있는 집들 - 너는 열려 있는 벽난로를 볼 수 있을 것이다. 여기에는 인간적인 삶의 깊은 뿌리와 관련된 요소가 존재한다. 활활 타오르는 불꽃이 잘 관리되어 인간의 삶에 도움을 주고 집안을 따뜻하게 데운다. 즉 여기에는 "정신"이 작용하여 인간적인 요소가 전체에 개입되어 있으면서도 조화를 이룬 자연이 존재한다. 인간 존재의 작용 요소가 여기에서는 성취되고 있는 것이다. 물론 여기에 이미 자연과의 일정한 거리가 틀림없이 존재하고 있다. 나는 불이 타오르는 소리들과 조절되지 않고 노출된 불꽃이 가진 엄청난 힘에 대해서도 알고 있다. 이곳 집안에서는 모든 것이 부드럽게 되어 있고, 약간 안쪽으로 제쳐져 있으며 약하게 되어 있다. 이러한 것으로 문화적인 작업이 가해진 것이다. 그러나 자연은 여전히 가까이에 놓여져 있는 것이다. 그것은 참으로 타오르는 불이며, 사람에 의해 불붙여지고 관리된다. 사람은 집안을 따뜻하게 하는 화덕이 존재하고 있음과 그것을 둘러싸고 보호하는 벽들, 활발히 움직이는 공기의 흐름, 이 더운 공기가 흘러 집안 전체를 따뜻하게 되도록 설계되어 있는 방들과 집 전체에 대하여 지각한다. 이러한 것은 인간적인 현존인 것이다. 내가 좀 과장해서 말해도 된다면, 인간으로 존재한다는 것은 불을 붙여서 그것을 적당한 위치에 두어 방안을 따뜻하게 하고 밝히도록 하는 것을 말하는 것이다. 이러한 것은 프로메테우스적인 원초적 인간의 영역인 것이다! 그런데 우리가 석탄을 태우는 화덕을 집안에 설치하게 되면 이러한 모든 것에서 많은 것을 잃어버리게 되는 것을 너는 느끼고 있니? 그 석탄 화덕은 사람이 가을에 한번 점화하면 마치 시계와도 같이 계속 유지되어 겨우내 타서 봄까지 지속되지 않니? 아니면 스팀 난로일 경우에는 어디에서 오는지 눈에 보이지도 않는 장소에서 열기가 와서 집안을 일정한 온도로 데우지 않니? 또한 전기 난로일 경우에는 "타오르는 불꽃"은 아예 없고 집안에 전선만이 설치되어 어디엔가 놓여 있는 발열체를 데우지 않니? 문화적 현상은 사라졌고, 자연과의 관계는 잘려 버렸으며, 하나의 완전히 인공적인 상황이 만들어져 버렸다. 타오르는 불꽃 앞에 놓여 있던 인간적인 현존과 삶의 모든 것은 이제 상실되고 만 것이다.

쟁기에 대하여 생각해 보자. 쟁기 역시 하나의 전형적인 문화적 요소이다. 땅을 파헤치는 도구, 그 앞에서 도구를 끌고 가는 가축, 그 뒤를 따라가면서 조절하는 사람, 이 세 요소들이 땅을 부드럽게 파헤쳐 나가는 모습을 생각해 보라. 도시의 사람인 내가 단순히 그 옆을 지나가는 것을 통해서도 쟁기로 땅을 갈아엎어서 씨앗이 싹틀 수 있도록 부드럽게 해 나가는 그 농부 안에 존재하는 비밀을 느낄 수가 있다. 깊은 문화적인 요소이면서도 자연과 매우 가까운 것이다. 자연과의 밀접한 관계 속에서 무엇인가를 이루어 내는 정신과 순수한 인간성이 이 안에는 동시에 들어 있다. 그러나 손으로 직접 일하는 쟁기에서 트랙터로 넘어가면 어떤 일이 생기는가? 물론 이것은 기술에 의한 놀라운 성취물이다. 트랙터는 더 많은 빵을 가져다주고 국가 경제를 더욱 윤택하게 한다. 그러나 쟁기를 잡고 일을 하면서 농부가 느끼게 되는 그 모든 것은 트랙터 위에서는 상실되고 만다!

이러한 것들에 대하여 아직도 많은 것을 언급할 수 있다. 불을 붙여서 타오르는 촛불에 대하여 생각해 보자. 최근에 나는 뮌헨에 있는 오래된 어느 한 수도원의 식당에서 강의한 적이 있다. 이 식당은 오직 촛불로만 조명되고 있었다. 촛불들은 천장에 매달려 길게 늘여진 둥근 형의 멋진 촛대에도 꽂혀 있었고, 청중들의 손에도 들려 있었으며, 다른 촛대를 비롯하여 필요한 곳에 놓여 있었다. 이러한 모습에서 나는 아름답게 만들어진 커다란 바로크 양식의 공간이 살아 있는 것을 보았다. 그리고 그 속에 들어 있는 사람들은 그들을 감싸고 받아들이는 빛나는 환경에 잘 어울리게 함께하고 있었다. 이러한 상황에서 나는 가스등이나 전깃불이 도입된 이후로는 이러한 아름다움이 더이상 존재하지 않게 된 것을 느꼈다. 살아 움직이는 불빛이 있는 공간은 그것과 함께 살아나게 되는 것을 너는 알 것이다! 어두움과 끊임없이 투쟁하고 있는 불꽃, 따뜻한 빛깔을 지니고 있고, 공기의 흐름에 따라 춤을 추는 불꽃 속에서 공간은 항상 새로운 모습을 나타나게 된다. 이러한 불빛 속의 공간 안에는 전면과 뒷면이 존재한다. 불빛의 힘은 불꽃 가까이 가장 밝은 부분에서부터 거리에 따라 덜 밝은 곳과 어두운 천장과 구석 등 밝기의 층들을 만들어 낸다. 그리고 만약 촛불을 든 사람이 움직일 경우에는 이러한 밝기의 층들도 함께 움직이게 되고, 그 사람은 공간이란 고정된 어떤 것이 아니라 이렇게 항상 새롭게 구성되는 어떤 것이라는 것을 인지하게 된다.

모든 종류의 수공품에서 우리는 이와 같은 인간적이고 자연과 가까운 문화의 본래적 현상을 발견하게 된다. 대장장이를 생각해 보자. 그리고 오늘날 수없이 많이 존재하는 공장들에서 전기로 돌아가는 기계들을 생각해 보자. 목수들과 미장이들을 생각해 보자. 그리고 오늘날 우리들의 집이 어떻게 만들어지고 있는가를 생각해 보자. 가구들을 만드는 목수들과 마차를 만드는 목수들을 생각해 보자. 오늘날 포드 회사에서 뿐만이 아니라 공장들의 각 부서들에서 백 분의 일 밀리미터까지 정확하게 하루에도 수많은 동일 부품들을 만들어 내고 있다.

이전에는 정신으로 가득 차 있으나 동시에 자연과 매우 가까운 문화의 영역이 존재했었다. 인간은 이러한 문화 안에서 무엇인가를 만들어 내는 존재였으며 사물과 자연의 힘에 매우 가까이 있었다. 그는 본격적인 의미의 사람이었다. 그러나 이러한 인간적 문화는 거의 가라앉고 말았다. 우리는 이제 가축이 끄는 마차를 더이상 이용하지 않고 있고, 마차와 더불어 마차가 지니고 있던 여러 가지 의미와 분위기도 동시에 잃어버린 채 자동차를 타고 다닌다. 인간의 몸속에 존재하는 자연의 힘을 느끼고, 그 힘을 이용하여 환자가 건강을 회복하도록 돕던 의사도 이제 더이상 이렇게 자연의 힘과의 깊은 교류를 가지고 있지 않다. 수도원에서 전해 내려오는 훌륭한 의사에 대한 "나의 조상 할아버지의 손가방에서"라는 이야기를 생각해 보라! 오늘날의 의사들은 자주 처방들과 제제製劑들의 화학적-기술적 영역에 대해서만 생각한다. 우리가 먹는 음식들도 총체적으로 인위적인 것이 되어 버렸다. 우리는 이제 아침과 저녁의 조수潮水의 변화, 밤과 낮, 일하는 날들과 주일, 달의 변화 그리고 계절의 변화 등에 의한 질서에서 벗어나서 시계, 경제 행위 그리고 취미 생활 등에 따라 인위적으로 만들어진 시간 질서 속에서 살아가고 있다.

우리가 살아가고 있는 공간은 점점 더 인위적이 되어 가고 있고, 인간적인 요소는 점점 더 상실되어 가고 있다. 이 모든 현상은 - 내가 이렇게 말하는 것을 나 스스로도 제어할 수가 없어 달리 어떻게 할 수가 없구나 - 야만적인 것이다!

그리고 이탈리아 전역에 이러한 몰락의 우울함이 맴돌고 있는 것이다.

세 번째 편지

사랑하는 친구야!

나의 이런 생각을 좀 더 전개해 볼 게. 오늘 너는 약간 인내심을 가져야 하겠다. 개인적인 철학적 상념들을 조금이나마 전개하지 않고 접어 두는 것은 편지글에서 대체로 좋지 않은 결과를 가져오는 것 같다. 그러나 너무 지루하지 않도록 조심할 세!

나는 이곳 코모 호숫가의 세계에서는 어디를 가도 개인적인 친밀감을 느낀다. 여기에는 아직 중세 독일의 분위기나 기술의 시대가 열리기 이전의 분위기가 살아남아 있다. 오관에 구체적으로 와닿는 분위기를 가진 것들이 도처에 존재한다. 나는 이러한 것들이 생생히 살아 있는 곳의 중심에 살고 있고, 이들과 생동적인 관계를 유지하고 있다. 도구들, 집들, 거리들, 도시들이 모두 친밀감을 가지고 있다. 가족들의 생활 방식, 관습들, 축제들 등 이 모든 것들이 오랜 기간 동안에 형성되어 스스로 서 있고, 조화를 이루고 있다.

이러한 분위기 안에서 형성되어 나오는 것을 생각해 보자 ; 신문이나 책에 들어 있는 언어, 도시들의 건축물들, 거리의 이름들, 집과 집 안의 가재도구들; 그 안에서 살아가는 사람들의 전체적인 모습들, 축제 때에나 기쁜 일이 있을 때 그들이 기쁨을 함께 나누던 모습들, 어려운 일이 있을 때 함께하던 모습들, 그들의 옷차림과 움직임의 모습들, 서로 인사하는 모습들. 이러한 직접적인 형태들, 유일성을 가진 모든 것들이 이제 사라져 가고 있다. 모든 것들이 비인격적이 되어 버린다. 하나의 독특한 비실제가 인간들과 사물들에게 오고 있는 것이다.

이제 내가 이런 모든 것들에 대해 예리하게 보고 있기에 나는 당연하게도 이런 모든 것들이 모든 종류의 문화적 작업의 뿌리에 놓여 있는 것을 감지하게 된다. 나는 지난번 편지에서 모든 종류의 문화가 실제와의 직접적인 생생한 관계를 잃어 가고 있는 것에 대해 말한 바 있다. 나에게는 이런 생각이 이어지고 있는데, 모든 종류의 문화는 생생한 실재와의 관계를 잃어 가면서 성립되고 있다는 사실이 와닿고 있는 것이다.

내가 개인적인 생생한 생명력으로부터 거리가 멀어지는 것으로 표현한 것은 인간이 자신 안에, 그리고 자신의 주위에 존재하는 자연적 요소를 조금씩 잃어 가면서 실재와 가깝게 있는 것에서 다른 새로운 하나의 영역으로 넘어가는 것을 의미한다. 이러한 새로운 영역에서는 사물들이 더이상 직접적으로 느껴지지 않고, 직접 보여지거나, 손에 잡히거나, 직접 형성되거나, 즐겨거나 하지 못하고, 상징들이나 대리품들 등의 매개체들을 통해서 이런 것들이 이루어진다. 일시적으로 일어났다가 사라져 가는 개별적인 것에서 지속성을 가진 존재가 되는 모든 종류의 문화에는 다음과 같은 과정이 존재한다. 다시 되풀이될 수 없는 특별한 현상에서 또 하나의 그와 같은 것이 발생하여 그 옆에 서게 되고, 그 옆에 또 하나가 생겨나 자리잡게 되고, 네 번째, 다섯 번째, 이렇게 지속적으로 수를 헤아리기 어려울 만큼 많이 같은 현상이 되풀이되면 일반적인 것이 된다. 이러한 것에서는 하나의 일회적이고 특정한 어려운 상황이나 위험, 또는 수행의 가능성에 일일이 대처해 나가야 하는 것이 아니다. 인간은 자신의 삶에서 지속적으로 발생되어 나오는 개별적인 새로운 사건들에 일일이 대처해 나갈 필요 없이 일반적이고 전체적으로 대처해 나갈 수 있는 원리를 알아내고자 하며, 마침내 모든 종류의 것에 올바르게 적용이 되는 원리를 발굴해 내어 자신의 주변 실재를 전체적으로 다스려 나가고자 한다. 이러한 것을 위해 그는 그와 사물들 사이에 존재하던 직접적인 관계에서 벗어나 사물과 그의 일치 바깥에 하나의 디딤돌을 가지게 된다. 그는 도구들과 일을 처리하는 방법들을 고안해 내어 이것으로 많은 개별적인 일들을, 가능한 한 일 전체를 손안에서 처리해 나가고자 한다. 이러한 과정을 거치면서 그는 직접적인 개별 사물들을 더이상 손에 쥐지 않게 된다. 개별적인 사건들 안에서는 그가 꼼짝도 못한 채 머물게 되고 말 것이다. 그는 전체를 파악하는 하나의 원리로 개별적인 것들을 처리해 나갈 것이다. 전체적인 원리는 개별적인 것들을 대변하게 된다. 그래서 인간은 상징들과 비상 수단 등 더이상 일차적이고 직접적으로 주어진 질서가 아니고 이차적이며, 인위적이며, 추상적이고 비실재적인 대리적 존재들의 영역 안에 머물게 된다.

이러한 생각을 가로막는 생각이 하나 다가오고 있다. 도대체 일반화시키는 이러한 길이 정신적으로 반드시 필요한 요소일까? 인간의 정신은 그가 개별적인 것 안에 깊숙이 들어감으로써 그가 찾는 본질에 도달할 수 있는 것이 아닐까? 어떤 종류의 일회적이고 일시적인 것 그리고 일반적이고 지속적인 것에서 참으로 실재적인 것들이 나올까? 아니야, 이렇게 생각해 나갈 수는 없는 일이다! 우리가 사물들에게 다가갈 때에는 사물의 본질에 도달하기를 바라는 것이다. 본질에 도달하는 데에는 일회적이고 특수한 것을 거치는 길과 일반적이고 오래 남는 길, 이 두 가지의 양면적인 길을 거쳐야 한다. 우리는 이 두 종류의 길 중에서 어느 것 하나라도 제거시킨다면 나머지 한 길도 갈 수가 없을 것이다. 왜냐하면 이 둘은 상호 밀접한 관련 속에 있기 때문이다. 우리가 개개의 사물을 바라볼 때 그것이 일반적인 것 안에서 어떻게 존재하는가를 파악해 나가는 개방적인 자세를 가져야 그것의 본질을 알아낼 수 있는 것이다. 그리고 일반적인 것이 특수한 경우안에서 다시는 되풀이되지 않는 일회적인 개체 안에서 어떻게 존재하는가를 바라볼 때 우리는 이들을 올바르게 바라보고 있는 것이다. 이렇게 하여 개별적인 것 안에서 본질을 파악해 내는 올바른 방법은 처음부터 개별적인 것은 사라지고 마는 일회적인 것이라는 사실을 전제해 둔다. 사람이 눈앞에 단순히 직접적으로 주어진 것에서 의미로 가득 찬 본질로 들어갈 때 문화가 되는 것이다. 이러한 것은 어떤 사람이나 개별적인 경우에 따라서 하나의 방향을 선호하고 특수한 하나의 형태에게 우선권을 주는 경우가 있다고 할지라도 두 가지 면을 하나도 놓치지 않고 그 사이에서 팽팽한 긴장을 잘 유지하고 있을 때 발생하게 된다.

이제 우리가 고찰하고 있는 것은 분명하게 되었고, 나는 이 문제로 다시 돌아와 보겠다. 구체적이고 개별적인 현상들에서 본질적인 것을 읽어 내는 것은 어떻게 이루어지며, 인간은 어떻게 전체적인 조망, 구조, 지속적으로 머무는 일반적인 원리를 찾아낼까? 개별적인 특수한 것들과의 관계를 잃어버리지 않으면서도 개별적인 다양성을 극복하고 전체를 바라볼 수 있는 것을 어떻게 해낼까? 인간은 개별적인 것을 일어난 일로 바라보면서 일어난 일 뒤에까지 고찰해 보며, 다른 개별적 일들과의 연계를 살펴보며, 이러한 일들 모두에게 적용이 되고 그것을 대리하는 하나의 기호를 설정한다. 이러한 기호는 하나의 형식이다. 식물의 잎이나 동물의 형태 또는 정신에 의한 구체적인 행위를 나타내는 하나의 추상적인 것이고, 생동적인 것이 아닌 형식이다. 그런데 이러한 형식들은 생동적인 것들을 가리킨다. 형식은 일회적이고 구체적인 실재를 가리킨다. 그런데 이와는 달리 개념, 수학적 원리들을 나타내는 형식들, 기계와 같은 대리자는 순수한 형식이다. 이들은 개별적인 것들과 들어맞지 않는다. 좀 더 정확히 말하자면, 이것들은 개별적인 것에 대해 충분히 고려하지 않는 것이다. 이것들은 오직 특정한 사실들을 필요한 만큼, 그것들을 유지하기 위해 수용한다. 동시에 이 특정한 사실과 닮았으나 완전히 동일한 것은 아닌 다른 개별적인 사물들을 바라보고 손으로 확인할 수 있는 자유로운 손과 안목을 가질 수 있도록 수용한다. 이러한 과정을 통해 모든 것에 대한 조망과 판단을 얻어 이 모든 것을 다스릴 수 있는 가능성이 생겨나게 된다.

그러나 이러한 지배는 피를 흘리는 엄청난 재난을 가져왔다. 인간은 구체적인 사물들과 육체를 가진 생생한 사람과의 생동적인 관계를 이제 더이상 지속적으로 유지하지 못하고 있다. 생동적인 관계는 엷어지고 말았다. 인간은 이제 일종의 "뒤로 물러나 있는" 인위적인 세계, 일종의 대리적 세계, 비실재적인 것들로 가득 찬 세계, 즉 기호들의 세계에 서 있다. 기호들은 구체적이고 실재적이며 개별적인 사물에 접근하는 것이 아니라 같은 종의 전체를 나타내며, 일반적인 기호들, 즉 추상적인 것들을 나타낸다. 인간은 이제 추상 속에서 살게 되었다. 추상적인 것, 개념적인 것은 "정신"이 아니다! 정신은 삶이다. 정신은 "일반적인 것"이기도 한 것인데, 생동적이란 말이 본래 의미하는 대로의 생동적 일반적인 것이다. 정신은 생생히 살아 있는 존재를 그의 일회성 안에서 보는데, 어디에나 작용하는 계시로서 보며, 개별적인 것을 그의 독립성 안에서 그리고 전체와 갖는 관계 속에서 바라본다. 정신은 같은 종류의 모든 것에 맞추어 들어가면서도 그중에 어느 하나와도 생생한 관계를 갖지 못하는 형식과 같은 그런 추상적-일반적 존재가 아니다. 정신은 삶이며 구체적인 것이다. 이와는 달리 개념은 추상적이며, 단순한 형태이며, 어떤 것을 의미하는 것이고, 생각을 간단하게 표시해 내는 도구이며, 단순화시키는 길이고, 최종적인 의미로 하나의 응급조치이다. 우리가 개별적인 사물들의 전체를 파악하면서도, 개별적 사물들 하나하나를 그 사물들이 놓여져 있는 구체적인 상황 속에서 일일이 다 파악해 낼 수 있는 능력을 지니지는 못하고 있다. 개별적인 한 사물을 그 사물이 가진 제한성을 파악하면서도 동시에 그 사물이 지닌 일반적인 존재성과 의미를 파악해 내는 능력을 지니지 못하고 있으므로 우리의 정신은 개념들을 필요로 한다. 하느님은 개념들을 전혀 필요로 하지 않는다. 그는 있는 그대로 바라본다.

사물들을 인식하기 위한 개념은 기계, 도구 등을 실용적으로 사용하는 것과 같은 기계론적인 것이다. 개념이 인식 작용에 하는 역할은 많은 개개의 사물들을 개념을 통하여 파악하도록 하는데, 이러한 과정을 통해서는 사물들과 생생한 관계를 가질 수 없게 된다. 개념은 하나의 기호를 설정하여 같은 종류 전체를 의미하게 하며, 정보 교환 등에 편리하게 작용하는데, 이러한 작업을 잘 해내는 것은 바로 기계이다. 기계는 쇠로 만들어진 하나의 개념이다. 기계는 수많은 사물들의 개별적인 특성은 고려하지 않고 모든 것을 같은 것처럼 취급하고 그렇게 수용한다. 기계는 참으로 모든 것을 같게 만들어 버린다. 기계화되어 가는 현재의 과정은 개념화시키는 사고와 같은 성격을 가지고 있다. 기계화되어 가는 과정과 개념화시키는 작업 모두는 사물들에 대한 생생한 개별적 관계에서 벗어나 모든 것을 기호로 표시하게 하여 하나의 인위적인 질서를 만들어 내게 한다. 그래서 모든 것이 대강 들어맞게 한다.

모든 종류의 문화가 처음부터 이러한 추상의 과정을 가지고 있다고 나는 생각한다. 그러나 현대적, 개념적-수학적 사고가 들어오면서 이러한 추상의 과정이 지나치게 심화되었다. 이러한 추상의 과정은 세상에 대한 우리의 관계, 우리의 자세, 그리고 이런 것과 더불어 우리의 존재 자체를 결정하는 데에 상당한 비중을 차지하고 있다.

여기 이탈리아에서 나는 새로운 하나의 시대가 시작

되고 있음을 느낀다. 호수 위에 떠 있는 구형의 돛단배들 옆에 새로운 모터보트가 달리고 있는 모습을 보게 되는데, 그 멋진 모양이나 힘차게 달리는 모습은 보기에 좋으나 그것은 역시 하나의 기계인 것이다. 내가 파두아의 중심 길들을 걸었을 때, 길 양옆으로는 생동적으로 지어진 집들이 즐비하게 늘어서 있었다. 조금 소박하게 지어진 일층과는 달리 이층은 거의 모두 원주 기둥들로 장식되어 있었으며, 건물 입구들은 서로서로 연결되어 있어서 길 양옆으로 길게 아치형의 보도가 성립되어 있었다. 각각의 집들이 고유하게 지어졌지만 전체적으로도 하나의 조화를 이루고 있었다. 그러나 이러한 집들 사이로 가끔 현대적 형태의 집이 새로 들어서 있는 것을 보았다. 이들은 콘크리트로 만들어졌는데, 하나 같이 도식적이었으며, 생기가 없고, 추상적이었으며, 목적에 따라 최대한 경제적으로 지어졌다. 야만적이었다.

네 번째 편지

사랑하는 친구!

나는 이곳의 분위기가 살기에 좀 더 편하다는 것을 항상 느끼고 있다. 이곳에서의 삶은 실제로 그렇다. 북쪽보다 이곳에서 사람들은 좀 더 편안하게 살아가고 있다. 이곳에서의 삶은 일하는 것, 즐거워하는 것, 아픈 것 그리고 죽음에 이르는 것 등에 있어서 좀 더 직접적이다. 이것을 단순하게 표현하자면, 좀 더 많은 삶을 살아가는 것으로 볼 수 있다. 저 위쪽, 북쪽에서의 삶은 그 삶을 올바르게 살아가기 위해 많은 생각을 해야 하고, 하나의 체계를 만들어 나가야 하는 등 상당히 고달픈 수고를 해야 하는 그런 것이다. 이러한 것을 위해서 많은 종류의 책이 저술되고, 강의들을 행하거나 듣기도 하며, 방법들이 골똘히 고안되고, 그 방법대로 수행하려는 노력들이 더해진다. 또한 이러한 것에 이어서 실재적인 삶에 의심을 가하기도 한다. 물론, 여기에서의 삶도 언제까지 이렇게 지속될는지 알 수 없는 일이다.

여기서 다루고 있는 문제에 대해 더 가까이 접근해서 핵심을 세밀하게 언급해 보겠다. 앞에서 이미 언급한 것을 좀 더 전개해 나갈 생각이다. 우리가 얼마나 의식하면서 살아가고 있는지 여기의 나에게는 좀 더 분명해지고 있다.

의식하고 있는 것 자체가 문화에 속하는 것인데, 아마도 문화의 전제 조건일는지도 모를 일이다. 이 의식의 지평 위에 문화가 성립되는 것일 것이다. 여기서 처음부터 언급해 온 모든 것이 이 의식의 바탕 위에서 가능한 것일 것이다. 문화는 직접적인 실재와의 일정한 거리감을 전제한다. 우리가 존재하는 실재로부터 약간 물러나 일정한 거리를 유지하게 되는 결정적인 행위는 바로 우리가 실재를 의식하는 것이다. 그런 연후에 위치를 파악하는 것, 목표를 정하는 것, 도구들을 동원하는 것 등 다른 모든 것들이 이어져 온다. 의식에 의해 비로소 세상을 새롭게 하고, 어떤 것을 만들어 내는 것과 같은 세상에 대한 작업이 자유롭게 된다.

그러나 여기에도 하나의 섬세한 한계가 존재한다. 중

세와 그 뒤를 잇는 수백 년의 시간 안에도 - 본격적인 학문으로부터의 지식을 생각하지 않는다고 하더라도 - 인간은 자기 자신에 대한 깊고도 정확한 지식을 가지고 있었다. 자기 자신의 본질적 요소에 대한 섬세한 탐구가 가해졌으며, 명쾌한 설명의 말들과 전체적 관계들에 대한 말들이 행해졌다. 내가 이러한 과거 문화의 전체적 표상이 취한 태도를 우리 시대의 것과 비교해 보고, 이곳 이탈리아에서 아직도 생생하게 살아 있는 모습으로 만날 수 있는 자세를 오늘날의 독일에서 일반적으로 만날 수 있는 것과 비교해 보면, 나에게 하나의 엄청난 새로운 의식이 솟아오른다.

이러한 의식이 어디에까지 이르는지 너에게 분명하게 설명해 보겠다. 이것을 위해 잘 알려진 사물들을 언급하겠는데, 너는 이 모든 것들이 전체적으로 함께 무엇을 의미하는지 너에게 분명해지기를 바란다.

역사에 관한 우리의 지식에 대하여 생각해 보자. 우리의 과거가 조금씩 조금씩 파헤쳐져서 알려진다. 점점 더 예리하고 섬세한 방법과 도구들로 지나간 시대들의 자취들이 검토되어 분명하게 밝혀진다. 점점 더 섬세한 도구들에 의해 각 개별적 현상들이 전체적 연계 안으로 연결된다. 우리는 점점 더 깊이 지나간 사건의 경과들, 지난날들에 사용된 언어들과 몸짓들, 일반 관습들의 의미, 예술적인 그리고 기술적인 유품들 등에 대하여 고찰하고 알아낸다. 인간들이 살아간 과거 역사가 각 개별적인 것들과 이들의 전체적 관계들에 대한 풍부한 자료와 지식들에 의해 우리의 의식에 다가온다. 그리고 우리는 우리 자신을 점점 더 의식하면서 이러한 전체적 관계 안으로 정돈시키고, 우리를 우리의 시대 안으로 그리고 우리의 시대를 모든 시대들의 전체적 관계 안으로 정돈시켜 놓는다.

우리가 살고 있는 공간도 우리에게 점점 더 명백히 밝혀지고 있다. 한 지역에 이어 다음 지역이 차례로 탐험되어졌다. 예를 들어 최근 몇 년 동안에 아시아가 자신이 지닌 역사적 사실들과 더불어 우리의 의식에 분명해지고 있다. 불과 얼마 전까지만 해도 하나의 신비의 지역으로 남아 있던 북극도 사람에 의해 탐험되었다. 에베레스트산도 곧 등정될 것이다.[2] 이 산은 인도인들에게는 신들의 옥좌이며 감히 범접할 수 없는 곳인데, 기술자들과 탐험가들에 의해 조만간 탐험되어서 정확한 지리상의 정보가

2 역주 : 과르디니가 이 편지를 쓰던 시기가 금세기 20년대라는 사실을 상기하면 이 말이 틀린 것이 아니라는 것을 알게 된다. 에베레스트산을 최초로 등정한 것은 금세기 50년대 초의 영국 탐험대에 의해서이다.

알려질 것이다. 우리의 지구는 천문학적 지식의 연계 안으로 정돈될 것이다. 나는 여기서 특별한 의미인 학문적인 지식에 대하여만 말하고 있는 것이 아니라, 일반적인 의식의 세계에서 진행되고 있는 것에 대하서도 말하고 있다. 이전에는 지구가 신비에 가득 찬 하늘 공간으로 둘러싸여 있고, 알려지지 않은 엄청난 깊이와 높이의 절벽이 에워싸인 "세상"이었다. 이제 지구는 천문학적으로 정확한 성격을 가진 존재로 의식 세계에 알려져 있다. 지구는 "세계 내의 하나의 물체"가 되어 가고 있는 것이다.

오늘날 각 민족들도 그들의 고유한 특성과 더불어 우리에게 알려지고 있다. 사람들은 유럽의 민족들에 대해서도 유럽 전체에서 개개의 민족이 차지하는 위치와 의미를 파악하기 시작했으며, 또한 유럽의 민족들이 세계 전체 안에서 어떤 위치를 차지하는가에 대하여 파악하기 시작했다. 세계에 대한 의식과 인류 스스로에 대한 의식이 무엇보다도 먼저 표시되어야 할 일이다.

통계에 대해서도 생각해 보자. 통계 역시 의식화하기 위한 하나의 도구에 지나지 않는다. 통계청이 가지고 있는 각종의 자료들을 생각해 보라. 나라 안의 국민 한 사람 한 사람에 대한 자료들, 그의 삶의 과정들, 특성들, 원하는 것들, 재산 상태, 주위 환경에 대한 관계 등이 모두 파악되어 있고, 언제든지 의식 세계에 떠올릴 수 있다. 국가 전체에 대해서도 자세하게 탐구되어서 각 부분의 상태와 내면의 상태에 대한 정보가 축적되어 있다. 사회학적, 민속심리학적, 민속경제학적, 국가경제학적 탐구들이 내적 관계들을 들추어내어 하나의 현상을 다른 현상과 연계시켜 나간다. 그리고 우리 자신들! 섬세한 심리학적, 해부학적, 형태학적 탐구들이 육체적 삶의 작용들을 밝혀 내고 있고, 이러한 탐구는 점점 더 깊은 기본 바탕으로 나아가고 있다. 이러한 것이 율동과 관련이 있는 문화 등에서 펼쳐지고 있는 것과 연계하여 전개되어 나가는 것도 생각해 보라. 이러한 것들에 의해 생생한 의술이 탐구되고 있다. 학문적인 분석 작업에서 얻어지는 지식, 생생히 살아있는 전체에 대한 실질적이고, 눈으로 볼 수 있고, 느낄 수 있는 의식 등이 함께 존재하여, 개별적인 것이나 전체 안에서의 개별적인 움직임이 어떻게 서 있으며 형성되는지 알게 된다.

여기서 더 나아가 심리학에 대해서 생각해 보자. 육체적 작용과 정신적 작용의 극단적인 부분까지 관찰하는 새로운 탐구들에 대하여 생각해 보라. 정신적 영역과 육체적 영역에 함께 작용하는 신비롭고 알려지지 않은 지평을 파악하기 위해 도입된 예리한 탐구 방법들 말이다.

그리고 또한 지금까지는 오직 영적 삶의 영역에 있어서 전문가나 예술가만이 알고 있었던 정신의 영역을 분석하여 한 단계 더 나아간 부분을 알아낸 정신분석에 대해서도 생각해 보라. 정신분석은 갑자기 등장하여 붐을 불러일으킨 것이기도 하다. 정신분석은 아직 충분히 정립된 성격을 가지고 있지 못하다. 섬세한 정확성으로 이루어내야 할 자신의 책임 영역을 아직 완전히 수행해 내지는 못하고 있다. 이 정신분석은 우아하고 섬세한 인간적 행위로 수행해 나가야 하는 것이다! 하여간 정신분석은 우리에게 생생히 살아 있는 영혼의 새로운 한 영역에 대한 인식을 가져다주었으며, 상호간의 깊은 연관성을 보여주었다. 이러한 것을 통해서 영혼에 대한 의식이 매우 깊어졌다! 그리고 또한 종교심리학에 대하여 생각해 보라. 지금까지는 내면의 세계 안에 머물러 있던 많은 영역들이 공개적인 의식의 세계에로 드러나게 되었다. 지금까지 늘 감춰졌던 많은 사실들과 연계들이 이젠 공개된 것이다. 이러한 상황에서 나에게 알려진 것에 대하여 나는 여기서 다시 한번 더 강조하고 싶다. 이러한 일들에 대한 본격적인 학문적 탐구의 영역, 즉 오직 전문가들이 할 수 있는 학문적인 것에 대해서가 아니라, 의식 세계에서 일반적인 사실이 되어 버렸고 앞으로도 그러한 것으로 머무는 것에 대하여 다시 한번 더 강조하고 싶은 것이다. 각 학년 별로 단계를 이루고 있고, 강의, 책, 잡지, 교사들의 지도 그리고 견학 여행 등으로 구성되어 있는 학교 교육에서부터 시작하여 여러 종류의 잘 개발되고 발전된 사회교육의 체계는 - "교육"은 우리에게 있어서 아직 "앎" 이외의 다른 것이 아니다 - 체계적인 의식화 작업인 것이다. 이러한 것을 통해서 학문적 지식이 일반 민간의식으로 일반화되어 가는 것이다.

의식하도록 하는 작업을 위한 기술 중의 하나에 신문과 대중매체가 들어간다. 신문과 대중매체를 통해서 오늘날의 사람은 자신의 주변과 자신에게 그리고 자신 안에서 어떤 일이 일어나는지 늘 지속적으로 알게 된다. 어떤 일이 발생하면 즉시 신문 통신원이 그곳에 나타나서 일어나고 있는 사건에 대해서 기록하고 분석하며, 사진사는 그것을 사진으로 기록한다. 사람들에 의해 관찰되지 않는 사건은 이제 더이상 존재하지 않는다. 그런데 이러한 상황에서 결정적으로 특이한 사실은 우리가 이러한 상황을 지극히 당연한 보통의 사실로 받아들이고 있다는 것이다. 단편이나 장편 소설 같은 우리의 문학도 인위적인 형식들을 통해 우리의 의식을 불러일으킨다. 문학은 자주 학문적인 분석의 범위를 넘어가기도 한다. 우리들의 예술품들도 심리학적이다. 일반 백성들을 상대로 하는 예술품들을 관찰해 보면 우리는 즉시 하나의 독특한 심리적 의식화 작업을 인지하게 되며, 무엇을 밝혀내는 것을 즐기는 것, 해체하는 것, 어떤 것을 진행해 나가는 마음의 심리적 과정들을 강조하는 것 등을 인지하게 된다.

사람이 일상생활을 해 나가는 과정에서 행하는 자세뿐만 아니라 동시에 이 모든 것에 대하여 알고, 기본적인 요소들을 이해하고, 상호간의 연계성들을 느끼며, 어떤 일어난 사건의 내적 원인과 진행 과정 등을 보는 그런 자세가 어디에나 존재한다. 이러한 자세는 고도의 기술을 요하는 어떤 일에서부터 직접적인 삶, 휴양과 오락에 이르기까지 모든 영역에 걸쳐 놓여 있다.

우리는 의식을 이러한 자세로 가지고 있다. 우리는 의식을 늘 우리를 따라다니는 하나의 분위기로 가지고 있는 것이다. 그리고 이러한 의식은 점점 더 확장되어 나가고 있다.

그런데 지난 수 년 동안에 이러한 사실에 반대되어 보이는 하나의 경향이 등장했다. 우리는 철학적, 심리학적, 교육학적 사고들 안에서 그리고 심지어 자연과학에 대하여 문제점을 제기하는 것에 이르기까지 하나의 반反지성적 조류가 올바른 새로운 사조로 등장하고 있음을 보고 있다. 이러한 반지성적 조류는 모든 것을 개념과 어떤 형식 속으로 분류하는 것을 반대한다. 반지성적 조류는 개체성, 영혼 그리고 생생히 살아 있는 삶의 개성과 품격 등 지성적인 범위를 넘어서는 존재를 강조한다. 이러한 초이성적인 성격을 지닌 것은 개념화되는 것을 싫어하며 비이성적인 영역에 이르기까지 한다. 그렇다면 의식하지 않는 상태로 되돌아가야 하는 것인가? 오직 겉으로만 그렇게 보일 뿐이다! 실제로는 이러한 상황에서 의식하는 것은 하나의 매우 중요한 결정적인 영역에까지 이른다. 왜냐하면 실제적인 존재의 영역에는 개념화하는 도구들로는 완전히 도달할 수 없는 부분도 있다는 것을 예리한 관찰로 확실하게 알게 되었는데, 이러한 것을 아는 것 자체가 하나의 새로운 의식이기 때문이다! 일반 대상들 중에서 특별한 존재는 그것에 상응하는 인식 태도들로 관찰되어야 한다는 사실이 분명해진 것이다. 이러한 자세들과 기술들은 인식 작용의 전체 안에서 특별한 힘과 영역에 대한 느낌으로 개발해 낼 수 있다는 사실 그리고 이러한 것을 의식하는 것에 소홀함이 있을 수 있다는 것 모두가 사실에 있어서는 새로운 의식이 발생하고 있는 것을 결정적으로 알려 주는 중요한 요소들이다.

이러한 모든 것이 무엇을 의미하고 있을까? 내가 이전

에 계단을 내려가다가 겪은 일이 생각난다. 계단을 내려가는 도중에 부서진 계단을 밟아서 어려웠던 일이 있었는데 아무런 생각 없이 이 계단을 밟고 나서야 그것이 부서진 계단이라는 것을 알게 되었던 것이다. 여기서 나는 나의 다리 근육이 계단이 모두 성할 것으로 전제하고 움직이고 있었다는 사실을 즉시 인식했다. 이러한 상황에서 나는 걸어가는 것이 지극히 당연한 것은 아니구나라는 생각을 하게 되었다. 이것은 큰 의미를 가진 대단한 일은 아니었지만 이 일이 의미하고 있는 것은 무엇인지를 말해 주는 것이 있었다. 삶은 무의식 세계의 보호를 필요로 한다. 일반적인 심리학적 규칙이 이와 같은 사실을 벌써 말하고 있는데, 우리는 이러한 심리학적 규칙에 따라 의식적인 행위를 행하면서 동시에 그 행위를 깊이 인식할 수는 없는 것이다. 우리는 하나의 행위가 이루어지고 난 뒤에야 언제나 그 행위에 대하여 뒤돌아볼 수 있는 것이다. 우리가 만약 우리가 행하고 있는 어떤 행위의 현상에 대하여 자세히 알고자 한다면 행위 도중에 자주 그 행위를 멈추고 그 행위에 대하여 살펴보아야 할 것이고, 이렇게 행위와 그 행위를 인식하는 것 사이에서 왔다갔다 해야 할 것이다. 이러한 것이 어떤 행위를 해 나가는 데에 얼마나 큰 불편함을 줄 것인가는 쉽게 짐작이 가는 사실이다. 이러한 것에서 나는 우리의 의식적 삶의 전체 행위의 특성에 대하여 생각하게 되었다. 우리의 행위는 그 행위에 대한 성찰을 통해서 멈추어진다. 이러한 것을 통해서 우리의 삶 전반에 걸쳐 연속성이 끊어지고, 삶이 부서지는 것과 같은 특성이 개입되게 된다. 이러한 것에서 스스로 확실한 안정성을 지닌 삶의 연결선이 없어지게 되고, 자동적으로 이어지고 확실히 믿을 수 있는 동작들이 결여되게 된다.

우리의 생각을 좀 더 깊이 전개해 나가 보자. 식물은 자신의 뿌리가 땅 밑의 어둠 속에 놓여 있을 때에만 자랄 수 있다. 오직 어둠 속에서만 성장해 나아갈 수 있는 것이다. 이러한 것이 삶의 기본 방향이다. 뿌리에 빛이 들어가게 되면 식물은 죽게 된다. 모든 종류의 삶은 하나의 무의식의 세계에 기초를 두어야 하며, 여기에서부터 의식의 세계, 밝은 세계로 성장해 나아가야 한다. 그런데 나는 의식의 세계가 우리들 삶의 뿌리에로 점점 더 들어가는 것을 보게 된다. 삶에 작용하는 원리와 관계들이 하나씩 하나씩 밝혀지고 있다. 하나하나의 행위들이 법칙화되고 있다. 이러한 관찰은 삶의 현상의 원초적 영역으로 점점 더 가까이 나아가고 있다. 삶의 뿌리 자체가, 가장 깊은 곳에 놓여 있는 것에 빛이 비치고 있다.

우리의 삶이 이러한 것을 견디어 낼 수 있을까? 우리의 삶이 이렇게 완전히 밝혀지고서도 동시에 생생히 살아 있을 수 있을까?

다섯 번째 편지

사랑하는 친구!

나는 이 편지들이 처음과는 다른 방향으로 가고 있는 것을 인지하고 있다. 처음에 나는 이곳에서 나를 둘러싸고 있는 구체적인 것들을 많이 언급할 수 있었다. 그러나 이제 나는 문제들의 세력권 안으로 들어오고 말았다. 이러한 것에 개념들이 개입하여 들어오게 되었고, 이들은 추상적인 것들이다. 이러한 것은 전체적인 조망과 소박한 생동력으로부터 나와 이 모든 것을 간단하게 표현해 내는 단순한 표현이 나올 때까지 지속될 것이다.

조금 전에 나는 우리 시대의 의식성Bewuβtheit에 대하여 서술했었다. 여기서 나에게 관심의 대상이 된 것은 오늘날 많은 것을 아는 사람들이 많이 존재하고 있다는 사실이 아니다. 나에게 의미 있는 것으로 다가온 것은 의식성이 우리들의 문화적 삶의 기본 바탕이며, 태도라는 사실이다.

이러한 사실은 나에게 다른 관점으로 좀 더 가까이 다가왔는데, 그것은 바로 우리는 우리 자신과 우리가 살고 있는 세계를 전체적으로 바라보고 있다는 사실이다.

우리들의 정치적 전체 상황에도 이전과는 다른 새롭고도 결정적인 현상이 들어왔는데, 그것은 바로 지구 전체가 한눈에 바라보인다는 사실이다. 지구는 정치적 사건과 행위의 한 닫혀진 장이 되어 가고 있다. 물론 사람들은 지구가 일정한 크기의 한계를 가진 둥근 형태의 땅이라는 사실에 대해서 알고는 있었다. 그러나 세계 대전의 영향을 크게 힘입어 이제 이러한 사실을 알고 행동하는 사람들의 숫자가 매우 많아진 것이다. 이제 우리는 우리가 더이상 넓힐 수 없는 공간 안에 살고 있다는 사실을 인지하고 있다.

이러한 의식에 가까운 한 단계가 이전에 있었는지도 모른다. 고대 세계가 "사람이 살고 있는 땅 전체"를 의미하는 말로 "오이쿠메데Oikumene"를 말한 것은 이러한 방향과 같은 방향이었을 것으로 생각된다. 사람이 살고 있는, 또는 살아갈 수 있는 전체적 공간에 대한 표상은 정치적 의지와 문화적 작업이 가능한 공간을 의미했다. 이러한 표상이 그리스 사람들이 문화적 힘으로 세상을 변화시키는 것에 큰 영향을 주었다. 이러한 행위의 방향은 로마인들이 땅을 넓혀 간 실제적인 사실보다는 그들의 정치적 세계 특성을 형성했으며, 이러한 것은 마찬가지로 대영제국의 세계 특성을 형성했었다. 이러한 표상에는 세계가 한정된 존재라는 의식이 빠져 있다. 당시에 실제로 조망된 것은 세계 전체가 아니었다. "오이쿠메데"는 아직도 사람이 살지 않는 세상들로 둘러싸여 있었고, 이러한 의식은 전체적 표상 안에 함께 작용하여 들어갔다. 아직도 더 넓힐 수 있는 가능성들이 존재했었으며, 사용되지 않고 있는 땅과 미지의 미개척지가 남아 있었다. 그러나 오늘날에는 이러한 것이 전혀 다른 상황에 놓여 있다. 이제 "오이쿠메데"는 다 파악이 된 채로 이곳에 놓여 있다. 이제는 삶의 자리와 작용의 범위를 더이상 넓혀 나갈 수 없다는 의식이 팽배해 있다. 지구 공간 전체가 관찰되고 있는 것이다. 여기에는 이제 더이상 뻗어 나갈 수 있는 가능성이나 미개척지가 존재하지 않는다.

이러한 것에 의해서 완전히 새로운 정치적 문제들이 생겨 나오고 있다. 지금까지의 의미로 사용된 "정치적"이란 말은 오직 로마인들과 영국인들에게만 해당되었던 것으로 생각된다. 그러나 오늘날에 있어서 요청되는 것은 로마나 영국의 의미를 훨씬 더 넘어서는 것이다. "정치"라는 것이 본래 의미하고 있는 내용이 오늘날에 와서 본격적으로 요청되고 있는 것으로 생각된다. 우리들에게 있어서 이제 삶의 공간을 더 넓혀 나갈 수 있는 미개척지가 더이상 남아 있지 않아서 절대적 경계선이 분명해졌기 때문에 우리의 인간적 실존은 한계선에 대한 압박에 빠져들게 되었다. 이제 "관계"에 대한 문제가 긴박하게 등장하게 되었고, 이러한 것이 본격적 의미의 정치적 사항인 것이다. 문제는 이렇게 제한된 공간 안에 상호 교차하는 힘들을 어떻게 합리적으로 배치할 것인가, 그래서 각 국가들과 단체들이 어떻게 질서정연하게 상호 공존할 것인가라는 것이다. 이제 지구가 완전히 결정된 일정한 크기를 지닌 닫혀진 존재로 우리 앞에 놓여 있다는 사실은 정치적, 경제적, 문화적 그리고 정신적인 측면에서 "외부로부터" 가해지는 하나의 본격적인 제한성에 대한 압박이 된다. 이러한 압박은 인류, 문화권, 민족, 개체 등 모든 종류의 구성원들과 이들이 가지는 상호 관계의 형태들이 고유한 의미를 가지고 있음을, 특히 정치적 의미를 가지고 있음을 강하게 부각시킨다. 지역 공동체나 가족 등이 다른 어떤 것으로부터도 대체되지 않을 것이라는 것에 대하여 나는 확신한다. 오히려 그보다는 본질적인 질서 원리로 부각될 것이다. 완전히 새로운 문제들이 생겨나올 것이고, 이러한 문제들을 극복하기 위해 새로운 자세와 예술들이 요청될 것이다. 이러한 것들 안에 작용하는 힘들과 질서의 형태들이 상호 올바른 관계 속에 놓이도록 할 수 있는 사람만이 참된 의미의 정치인이 될 수 있을 것이고, 참된 정치인만이 이러한 것을 느끼고 그 일을 올바로 처리해 낼 수 있을 것이다.

그리고 다양한 민족들과 문화권들이 우리의 의식 세계에 등장하고 있다. 하나의 고유한 "문화 정치적" 자세가 형성되면서, 이 새로운 자세는 각 민족들과 문화 영역들이 가지는 고유한 자리를 인식하고 이들이 상호 어떻게 공존할 수 있는가에 대하여 탐구하고 있다. 우리는 점점 더 다음과 같은 질문에 부닥치게 된다 ; 인도인들이 그들의 고유한 정신적 자세를 지니고 유럽의 일자리에 등장하면 어떤 일이 생겨날까? 이전에는 유럽인들은 자신들의 문화를 지극히 당연한 것으로 인식하고, 이것을 척도로 하여 다른 문화들을 평가했었다. 이제 유럽은 아시아와 아메리카의 비판도 받아들인다. 왜냐하면 이들의 비판이 올바를 때도 있고 유럽의 것을 풍요하게도 하기 때문이다. 순진한 유럽주의적 시대는 이제 가 버리고 말았다. 예술적, 사회적, 종교적 영역 등 모든 영역에 걸쳐 우리는 하나의 독특한 불확실성을 인지하고 있다. 유럽인들이 생각 없이 스스로 자만하고 있던 것이 근본적으로 흔들리게 되었다. 동양의 자의식이 깨어난 것이다. 각 개별 민족의 자세와 업적이 다른 전체의 비판의 도마 위에 놓이게 되었다. 이러한 모든 현상들은 다양한 문화를 지닌 다양한 민족들이 함께 공존하고 있고 상호 함께 작업해 나가야 하는 닫혀진 공간 안에 우리가 살고 있다는 표상을 알려 주는 것이다.

또한 하나의 국가를 이루어 일치를 이루고 있는 한 민족을 생각해 보자. 여기에 역시 전체를 조망하는 고유한 사실이 존재한다. 여기에는 상당히 발전된 일종의 통계적 기술이 사용되어서 각 개인 한 사람 한 사람을 구체적으로 파악하고 있는 통치 체계를 구축하고 있고, 경제적 상황, 일을 처리해 낼 수 있는 능력들, 사회적 계층들, 민족의 힘들, 교육과정들, 지성적 그리고 창조적 추진력 등을 다 파악하고 있다. 지난번의 전쟁이 이전의 것과 다른 것은 앞에 놓여 있는 힘을 정확히 측정하고 그것을 사용하는 그 완벽성에 있다. 한 민족의 경제적, 사회적 그리고 문화적 성취의 문제들은 점점 더 이와 같은 "오이코노미아Oikonomia"가 된다. 이 말의 뜻은 어떤 힘들, 실재들 그리고 질서들이 그곳에 함께 있는가에 대하여 질문을 던지는 것이며, 하나가 다른 것에 대하여 어떻게 서 있는가에 대하여 알아보는 것이고, 전체가 각 개별적인 모든 것으로부터 어떻게 형성되며, 이러한 전체가 또한 각 개별적인 것에 어떻게 작용하는가를 알아보는 것이다. 전체를 바라보는 것은 점점 더 정치인의 자세가 되어야 하며, 정치인의 안목은 점점 더 분명하게 전체를 바라보아야 하고, 각 개별적인 것에 대한 배려도 점점 더 섬세해야 하고, 모든 것을 현실적으로 가능하고 그 본질에 적합한 관계 안으로 가져다 놓을 수 있는 능력도 점점 더 확실하게 가져야 한다.

역사에 대한 우리의 관계도 이와 같은 기본 방향을 가진다. 역사를 연구하는 사람이 그리고 역사를 가르치는 사람이 역사에 대하여 어떻게 서 있는가를 한번 관찰해보라. 곧장 너는 전체를 조망하는 고유한 사실을 발견하게 될 것이다. 틀림없이 여기저기 어디에나 빈틈들이 생겨나고 있고, 우리는 이러한 빈틈들이 어디에 있는가를 안다. 이러한 빈틈들도 전체 안에 존재하는 것이다. 역사는 우리에게 전체를 하나로 보는 것으로, 결정적으로 우리의 의식 세계에 들어와 있다. 우리는 역사의 한 단면도 수없이 많이 일어난 다양한 요소들로 엮어져 있음을 본다. 우리는 또한 전체의 진행 과정도 점점 더 분명히 알려져 있는 많은 사건들과 연결하여 구성되어 있음을 보고 있다. 우리가 역사의 전체를 대하면서 그 안에서 안건을 찾으려고 하면 할수록 역사 안에서 있었던 사건들이 점점 더 섬세하게, 점점 더 많은 수로 등장한다. 하나의 연대 안에는 수천 종류의 사건들이 얽혀 있다. 역사적 문제들은 발견들의 영역들로부터 나와서 비교의 영역으로 넘어가고, 점점 더 깊이 들어가는 분석에서 나오는 의문들로 그리고 상호간의 연계와 구조에 대한 의문으로 넘어간다. 나는 여기서 언제나 새로운 원천들과 유물들을 발견하고 서로 간의 관계점을 찾아내던 발굴의 시대를 생각해 본다.

자연에 대한 탐구도 이제 탐구의 손길을 뻗치지 않은 곳이 거의 없기 때문에 새로운 것을 계속해서 발굴해 내던 발견의 시대는 이제 끝나 가는 듯한 생각이 든다. 전체적으로 보아 새로운 것을 발굴해 내는 작업은 최소한 이전의 20년 동안 진행되어 온 것과 같은 상황을 앞으로도 계속 가질 것으로 보이지는 않는다. 내가 자연과학의 분야에 있어서 전문가는 아니지만 이 분야에 있어서 결정적으로 중요한 사물들, 법칙들, 힘들, 형태들 등은 이미 다 관찰된 것으로 느껴진다. 앞으로 또 하나의 새로운 "발견"의 시대가 올는지도 모를 일이지만 최소한 발견의 첫 시대는 마무리되고 있는 것으로 여겨진다. 지리학은 실재 세계 안에서 무엇이 앞에 놓여 있는지 이미 알고 있다. 동물학과 식물학도 많은 종류의 식물들과 동물들이 새롭게 발견될 것으로 생각하지 않고 있다. 우리는 하나의 깊은 수수께끼 같은 사실을 느낀다. 이 사실은 우리들의 현존의 비체계적이고, 불완전하며, 완전히 실재적인, - 그리고 거의 이렇게 말하고 싶은 - 자의적인 성격을 보여 주는 것 중에 속하는 것으로 보여진다. 이 사실이란 바로 오직 이러한 형태들, 모습들, 법칙들, 품질들 등과 같은 실체들이 여기에 있을 뿐이라는 것이다. 왜 하필이면 이 정도인가, 좀 더 또는 좀 적게는 안되는가, 그리고 왜 바로 이것이냐, 다른 것은 안되는 것인가라고 물을 수 있는 바탕이 하나도 없다. 이들이 다르게가 아니고 바로 이렇게 되어 있느냐라는 것조차 물을 수 없는 것이다. 지금 여기에 존재하는 것이 다르게가 아니고 바로 이렇게 존재하고 있는 사실은 하나의 수수께끼이고, 이 수수께끼는 반드시 필수 불가결한 것은 아니지만 분리할 수 없이 현존하는 사실이다. 역사 안에서 이러한 사실은 엄격함을, 종종 그것을 지탱해 나가기가 힘들 정도의 엄격함을 지니고 있었다! 우리는 이러한 사물들, 성질들, 질서들이 이곳에 그러한 상태로 있는 것을 느낀다. 다른 것이 아니고 바로 이러한 것이 이곳에 있고, 더도 아니고 덜도 아니고 현재 있는 그대로 여기에 있고 우리는 이러한 것으로 우리의 삶을 살아가야 한다. 화학과 물리학은 점점 더 깊게 그리고 점점 더 섬세한 부분으로 탐구해 들어간다. 그러나 이들은 이전에 하나의 힘을 발견하고 이어서 다른 힘을, 하나의 원리를 발견하고 곧 이어서 다른 원리를 발견해 내던 것과 같이 한 영역에서 다른 영역에로 괄목할 만한 진전을 더이상 갖지 못하는 상황에 놓여 있다. 이제는 전체의 모습을 정확하게 알기 위해서 점점 더 내부의 관계들을 탐구하는 것에 몰두하는 것으로 보인다. 인간 정신은 그가 탐구할 수 있는 실재 영역을 완전히 다 탐구해 낸 것은 아니지만 하나의 "경계선"에 어떤 형태로든 도달한 것으로 보인다. 인간 정신은 탐구가 가능한 영역 전체에 대한 하나의 조망을 가지게 된 것으로 보인다.

이러한 사실에 대하여 서술하는 것은 본래에 있어서는 매우 조심해야 할 일이다. 전문가들은 이렇게 아마추어적으로 쉽게 말하는 것은 괘씸한 일이라는 것을 분명히 할 수 있을 것이다. 그러나 나는 내가 이제부터 말하고자 하는 것에 대한 하나의 설명으로서 앞에서 서술한 것을 취소하지 않고 그대로 두고자 한다.

이러한 모든 것은 우리가 행하는 것과 우리의 존재 전

체를 위해 결정적으로 중요한 것을 의미할 수 있는 것이다. 아마도 이러한 것은 내가 정치적인 것의 영역에서 "오이쿠메네"라고 명명한 것일 수도 있으며, 역사와 자연의 영역에서 우선 현재 파악하고 있는 것으로 나에게 보이는 것일 수도 있고, 부피의 확대에서 품질의 깊이로 나아가는 방향일 수도 있고, 아니면 이러한 모든 것은 전체를 다 포괄하는 것의 한 부분일 수도 있으며, 현재 등장하고 있는 하나의 새로운 우주적 자의식의 한 부분일 수도 있다. 인간 정신이 무한으로 인도하는 실제의 한 부분, 한 부분 탐구해 들어간 것에 의해 지금까지 생각했던 닫히고, 질서정연하고 아름답게 만들어진 우주와 "지구"에 대한 표상은 가라앉고 말았다. 세계에 대한 이러한 표상은 무너져야만 하는 것일 터이다. 물론 다른 지평에 바탕을 둔 것이기는 하지만 이제 지구에 대한 하나의 새로운 표상이 등장하고 있다. 우리는 다시 우주를 인지하고 있다. 그런데 단순히 이론적으로가 아니라 실질적으로 살아 있는 존재로 인지하고 있는 것이다. 이것은 아직 전체적으로 파악되고, 닫혀진 실재로 인지되고 있는 것은 아니다. 우리는 우리가 모든 측면으로 점점 더 멀리 나아가는 것에 섞여 있다는 것을 알고 있다. 그러나 우리는 우리에게 주어진 존재 영역, 하나의 인간들의 공간 안에 있는 것으로 그리고 우리는 이 공간의 소유물인 것으로 나에게는 느껴진다. 이것은 다시 하나의 코스모스Kosmos이고, 천문학적 한계들과는 무관한 하나의 새로운 의미에서의 우주이다. 인간에 의해서 파악되고 인간에게 허락된 삶의 공간으로서의 우주이다. 그리고 인간의 인식능력과 행위능력들에게 맡겨진 장인 것이다.

사람에 대해서도 우리는 비슷한 상황에 놓여 있다. 우리는 우리 스스로에 대해서 어느 정도 알고 있다. 우리의 신체 내부 구조, 육체적, 정신적 모습들이 우리의 의식에 많이 알려져 있다. 틀림없이 오늘날에 단순히 기계주의적이기만 한 세계관이 극복되고, 기계 이외의 요소들이 도처에서 등장하는 새로운 사조들이 생겨나고 있다. 양적인 팽창 못지않게 질적인 문제가 고유하게 등장하고 있고, 획일적으로 동일한 것에서부터는 만들어질 수 없는 형태도 등장하고, 죽은 자로부터 생겨날 수 없는 영적이고 창조적인 생명, 단순한 활력으로부터나 느낌으로부터 생겨날 수 없는 인격적인 생명이 등장하고 있다. 이러한 모든 것들이 지금까지 오직 기계주의적-양적 세계관 안에 자신의 공간을 만들어 가고 있다. 이러한 것에서 기계적 요소들이 무시되고 한쪽으로 밀쳐 내는 것이 아니라, 기계적인 질서들과 비기계적인 질서들이 서로 안에서, 서로를 통해서 어떻게 작용하는가에 대해서 관찰하고 생각하는 과제가 주어진다. 기계적인 세계관이 한번도 생각해 보지 못한 커다란 과제, 즉 전체를 바라보고, 새로운 형태를 생각해 내는 과제가 주어진 것이다. 이러한 것이 인간에 대한 우리의 인식세계에도 일어나고 있다. 기계적으로 파악된 육체와 영혼에 대한 낡은 표상들에 새로운 질서가 가해져야 함이 부각되고 있다. 이러한 것은 의학, 심리학, 교육학, 사회학 등 모든 것에 적용된다. 그러나 이 모든 것이 어떤 새로운 것으로 등장하는 것은 아니다. 이 모든 것은 이미 이전에 있던 통찰이고, 이제 자신의 공간을 다시금 확보하는 것이다. 세상에 대한 표상, 인간에 대한 표상 등 모든 것에서 문제로 다루어지는 것은 다름이 아니라 힘들Kräfte이 상호 어떻게 놓여 있는가를 알아보고자 하는 것이다. 분량과 품질Quantität und Qualität, 계산과 성취Rechnung und Schaffen, 기계와 삶Maschine und Leben, 사물과 인격Sache und Person 등이 개별적으로 그리고 전체적으로 어떻게 서로 연결되어 있는가를 알아보고자 하는 것이다.

이러한 것은 당연하게도 사람들이 하나의 새로운 태도를 가질 것을 요청한다. 하나의 새로운 의미가 관계들Verhältnisse, 양量, Maß과 한계들Grenzen, 상호 관계Wechselbeziehung, 전제와 결과Voraussetzung und Folge 등에 요청되고 있다. 또한 등급과 서열Abstufung und Rang에 완전히 새로운 하나의 감각이 요청되며, 도달거리到達距離, Tragweite와 전체적 연계Zusammenhang를 위해 새로운 느낌이 필요하게 되었다. 나는 멀지 않은 시간에 현재 우리가 가지고 있는 우리의 정치적 방법들이 서투른 것으로 인식되는 때가 올 것이며, 그래서 19세기에 많이 이루어졌으며, 그리고 20세기에 들어와서 아직도 진행되고 있는 육체와 영혼에 대한 탐구, 즉 인간에 대한 탐구가 어떻게 그러한 상태로 대단히 많이 진행될 수 있었던가에 대하여 이해하기 어렵게 되는 그런 시간이 올 것이라는 것에 대하여 확신하고 있다. 실재적인 측면들을 전체적으로 종합해서 볼 수 있는 하나의 완전히 새로운 힘이 요청되며, 어제까지의 사람들이나 오늘날의 사람들이 가지지 못한 세상에 대한 올바른 관계를 가질 수 있는 새로운 힘이 요청된다. 아마도 "인간"이라는 단어는 - 이것에 대하여 두 번째 편지에서 말한 것에 대하여 너는 상기할 수 있을 것이다 - 하나의 완전히 새로운 활력을 가져야 할지도 모르겠다. 이제 내가 다시 출발점으로 돌아와서 보자면, 지금까지 우리는 우리에게 주어진 과제의 외부적인 것에 대하여 언급해 본 것으로 생각된다. 우리는 이러한 고찰을 통해서 최소한 우리가 우리의 감각을 어디에 지니고 있는가에 대한 것과 이제 방향이 새롭게 될 것이라는 것을 아는 지점에까지는 도달했다. 이제 이러한 작업의 방향은 좀 더 깊이 있는 탐구에로 전환되어야 하겠다. 다양한 것을 고찰하던 것에서 전체적 관계를 고찰하는 것으로 나아가야 하겠으며, 좀 더 넓은 영역을 보는 것과 이것을 전체적으로 보는 것에서 깊이 보는 것으로 나아가야 하겠다.

여섯 번째 편지

사랑하는 친구!

최근에 들어서 내가 인식하는 방법에 있어서 두 종류가 있음이 분명하게 떠올랐다. 두 종류 중 하나는 사물과 사물들의 관계 안으로 깊이 들어가도록 이끄는 방법이다. 이 방법에 의해 인식하는 사람은 사물 안으로 들어가서, 그 안에 머물면서 함께 체험한다. 그러나 다른 한 종류의 인식 방법은 사물을 움켜쥐고, 분해하며, 분야별로 나누어 그것을 소유하고 지배한다.

아니야, 이 모든 것이 그렇게 간단한 것이 아니구나. 첫 번째의 인식 방법도 하나의 소유를 의미하고, 인식하는 사람으로 하여금 사물들을 매우 강하게 파악하는 능력을 지니도록 한다. 오늘 나는 오후 내내 호수 한쪽의 코모와 렉코Lecco 사이에 놓여 있는 반도에서 여기저기 산책을 했었다. 만초니스Manzonis 에서의 사건들, 즉 "약혼자"라는 작품이 이곳 호숫가에서 이루어졌고, 그래서 이곳의 일부 지명은 이미 익숙해져 있던 것이다. 이 땅에도 사람들의 손길이 닿지 않은 곳이 없다! 길들은 언덕의 굴곡이 흐르는 것에 잘 순응하여 하나의 소묘적인 작품과도 같이 언덕을 따라 조화롭게 이어져 있다. 정원과 밭들도 언덕의 굴곡에 따라 오르내리면서 자신의 보금자리를 펼쳐나가고 있고, 풀숲들과 나무들이 땅과 빛의 신호에 순응하여 자리잡고 있으면서 향기 나는 아름다운 모습을 형성하고 있다. 땅의 모든 굴곡들과 호수의 모양이 잘 고려되어 유용하게 사용되어 있고, 이러한 생동적인 지역의 거의 중심부에 빌라Villa 가 자리잡고 있다. 그 집안에 사는 사람들은 열린 눈과 마음을 가지고 있다. 이들은 오토바이가 생각나게 하는, 이리저리 돈을 찾아 바삐 움직이는 그런 사람들이 아니다. 그래서 이들은 생생한 지각으로 이 모든 부풀어오르고, 성장하고, 자라고, 꽃피는 모습들을 깊이 느끼고 함께한다. 이러한 삶에서 자연이 어떻게 소유될 수 있겠는가! 자연은 있는 그대로 보이고 이해된다. 자연은 자신도 모르게 이미 자연의 특성에 대해서 잘 아는 사람의 손에 순응한다! 나무들은 어떠한 인위적인 조작이 가미되지 않았는데도 훌륭한 모습으로 잘 성장한다. 땅은 그 땅을 가꾸는 사람의 의지를 잘 따라서 생동적이며 인간이 살아갈 수 있는 공간이 된다. 그러나 이러한 것은 매우 부드러운 지배이다. 이러한 부드러운 지배는 자연 속에 들어 있는 성질을 따르기 때문에 거부할 수 없을 정도로 매우 강하기도 하고 한편으로 매우 부드럽다. 나는 이러한 지배를 마치 영혼이 물질들과 힘들을 모아서 몸을 만들고 그것을 잘 다스리는 것과 거의 같다고 말하고 싶다.

나머지 다른 한 종류의 앎과 그것의 지배 방법은 매우 다르다. 이것은 이미 르네상스 시대에 생겨났으나 영향력을 가지게 된 것은 최근에 와서이다. 이러한 앎은 보지 않고 대신에 분석한다. 그것은 침잠하지 않고 움켜쥔다. 그것은 본질적인 모습을 알아내지 못하고 형식을 알아낸다. 그것의 의지는 사물을 억압할 수 있는 힘을 가지고자 하는 것에 있다. 이성적으로 형성할 수 있는 법칙들이 여기에 해당된다. 이러한 것으로 이 앎이 지배하는 것의 기본 바탕과 특성을 언급한 것이 되었는데, 그것은 바로 강제, 자의적이고 순전한 강제이다.

다스려 나가는 데에 있어서 첫 번째의 방법은 깊숙이 느끼고, 전체의 관계를 파악하며, 힘들을 분리시켜 내어 가능성들을 활기 있게 하고, 하고자 원하는 것을 들어 높여 강조하며 그것을 이루기 위해 다른 것들에 압박을 가하기도 한다. 그것은 하나의 앎이며, 어떤 사물을 유용하게 하는 것이며, 용기를 불러일으키기 위해 자극하고 방향을 정하며, 자연의 힘들과 관계들을 조절하는 것이다. 이러한 방법에 의해서 작업된 모든 것은 어떤 형태로든 간에 자연의 상태로 머물러 있다. 틀림없이 그 작업 안에는 인간적인 의도들, 본질적인 모습들, 본질적인 관계들이 유용한 것이 되도록 하는 정신이 전체적으로 가해졌다. 그러나 그런 모든 작업 안에는 언제나 자연과의 유기적인 관계가 유지되고 있다. 그것은 봉사를 통한 지배이며, 자연이 가진 가능성들 안에서 이루어진 성취이고, 주어진 방향을 떠나지 않은 것이고, 그어진 한계선을 넘어서지 않은 것이다. 현재는 발견된 형식에 힘입어 에너지들과 양들Massen이 자의적으로 사용되도록 자신을 내어놓은 상태이다. 이들은 유기적인 관계들로부터 벗어나 있으며, 그래서 사용하기를 원하는 개개의 의지에 따를 수 있는 유동적인 상태에 있다. 그리고 새로운 지배 의지는 자연에 의해 형성된 길들과 양의 제한성에 자신이 묶여 있는 것으로 느끼지 않으며, 이런 것들이 어떠한 상태에 있던 상관없는 것으로 여긴다. 이 새로운 의지는 자신의 목적들을 인위적으로 설정한다.

이것이 새로운 앎과 성취의 특성이다. 자의적으로 설정한 목적들을 달성하기 위해 강요하고 지배한다.

현대의 물리학과 화학은 이러한 지배를 물질과 힘들 Stoffe und Kräfte의 영역에 적용하였다. 물질과 힘들은 복종해야만 하는 것이다. 여기서 지배하는 것은 생동적으로 살아 있어서 전체를 구체적으로 느끼는 그런 존재가 아니며, 존재하는 실재의 내면의 세계를 알아내어 그것의 특성에 따라 일을 추진해 나갈 능력을 지닌 존재가 아니다. 여기에 존재하는 것은 오직 기계적인 법칙들이고, 이 법칙들은 언제나 유효한 것이어서 누구나 손에 쥘 수 있는 것이다. 그래서 어떤 사람의 의도에 따라서 물질과 힘들은 결합하기도 하고, 풀리기도 하며, 변화되기도 하고, 폭발하기도 한다. 유기적인 가능성들에 대해서나 생명체에 도움이 되는 것에 대한 감각이 전혀 없으며, 자연이 허락하는 범위에 따른 행위에 대한 느낌도 없이 오직 이성적으로 생각되는 자의적인 목적이 존재할 뿐이다. 이성적으로 구성한 형식Formel에 근거하여 설정된 목적이 달성될 수 있도록 물질과 힘들이 정리된 것이 곧 기계이다. 기계는 하나의 일정한 목적을 이루기 위해 쇠로부터 만들어진 형상인 것이다.

물질과 힘이 그러하듯이 공간도 어떤 특정한 목적을

위해 강요되며, 이것은 시간에게도 마찬가지로 해당된다. 바로 교통 수단과 언론 매체를 통해서 그렇게 되는 것이다. 다가오는 미래를 미리 준비하는 수단과 과거의 것을 보존해 나가는 수단에 있어서도 이것은 마찬가지로 해당된다.

동·식물이 자라는 데에 적용되는 조건과 영향들, 유전법칙과 재배법칙 등에 대한 가르침과 새로운 생물학이 하나의 기술로 성장하여 이론적으로 그리고 실질적으로 가르쳐지고 적용되고 있다. 이렇게 하여 우리는 식물이나 동물의 삶을 지배할 수 있는 이성적으로 작업된 방법을 가지게 되었다. 일을 성취해 나가는 것에 있어서는 이전의 방법이 더 훌륭할 것이다. 그러나 최근의 것은 일반적으로 누구에게나 가르칠 수 있는 것이고, 기술적으로 분명하며, 확실한 법칙으로 고정시킬 수 있는 것이다.

이 모든 것은 한 개인의 특별한 경향에 지나지 않는 것이 아니라, 이 시대의 일반적인 경향이 되어 버린 것 같다. 구체적으로 확실한 태도들, 거부할 수 없이 기본이 되어 버린 척도들과 노력들, 문화적 삶의 모든 것을 결정하는 구조 등이 점점 더 목적으로 인정되고 있다.

정치에 있어서도 같은 현상을 보게 된다. 통계가 밑받침을 형성하는데, 공무원들로 구성된 하나의 도구가 이것을 사용하면서 지배를 행사한다. 신문은 특별히 설정한 어떤 목적이 이루어지도록 하기 위해 일반적인 여론을 형성해 나간다. 현수막과 대중매체들도 이것과 같은 역할을 해 나간다. 이와 마찬가지로 경제적 삶의 거대한 조직도 지성적으로, 기계적으로, 자의적으로 작업해 나간다. 이 조직은 정치적인 것에 봉사도 하지만 그것을 지배하기도 한다. 이 조직은 신문과 대중매체를 통해서, 출판, 연극, 음악, 대중 관광과 그 외 이와 같은 요소들을 통해 영적 삶의 깊은 영역에까지 침투해 들어가서 영향을 미친다.

교육 계획, 미리 설정된 교육 과정 그리고 교육 도구들 등으로 구성된 거대한 교육 체계는 교육의 방향, 성격 그리고 기본 바탕을 형성해 나가고, 또한 국가의 의무교육 권한에 근거를 두고 모든 것을 이러한 체계 안으로 몰아넣어 간다. 이러한 체계는 지속적으로 점점 더 섬세하게 행하는 심리학적 그리고 교육생물학적 탐구들과 방법들에 의해 생동적인 본체Substanz를 형성해 나가고 윤리적 특성에 영향을 미친다. 이렇게 하여 생생히 살아 있는 사람을 지배하는 하나의 기술이 생성되어 나온다. 과거의 생활 방식과 비교해 본다면 이러한 기술은 유치하다. 하지만 이 기술은 지성적 작업을 통해 형성되었고, 엄청난 체계 안으로 육화되었으며, 엄청난 힘을 지니게 되었다. 이러한 것을 통해서 자유롭게 성장할 수 있는 가능성과 자신의 인격을 자신의 특성에 따라 성장시켜 나갈 수 있는 가능성은 대다수의 사람에게 있어서 완전히 사라졌다. 현존하는 체면술들은 생생히 살아 있는 사람을 이렇게 지배할 수 있는 것이 어디까지 와 있으며, 앞으로 어디까지 더 나아갈 수 있는가에 대해서 무엇인가를 시사하고 있다.

아직도 많은 것을 더 언급할 수 있겠다. 인간이 존재하는 영역과 행하는 행위의 모든 영역에 걸쳐 이러한 현상은 같은 모습을 지니고 있다. 현대적 탐구 방법은 지성적인 고찰을 통해서 일어난 사건의 형상과 그 안에 존재하는 법칙들을 알아내어 그것을 기술과 도구 그리고 방식 안으로 전환시킨다. 그렇게 하는 동안에 인간은 자신의 내부에 자연스럽게 존재하는 배움의 체계와 적당한 양을 인지하는 유기적인 느낌을 잃게 되고, 내적인 표상, 측도, 방향을 잃어 가게 된다. 그는 자신의 목적들을 자의적으로 설정하여 그것을 성취해 내기 위해서 자신이 이미 지배하고 있는 자연의 힘들을 억압한다.

이렇게 하여 과거의 문화가 사라져 가게 된다. 생겨나는 새로운 문화는 확장되어 나가는 범위에 있어서 더 넓고, 더 강하기만 할 뿐만 아니라 내면의 질서와 전개해 나가는 자세에 있어서도 다르다. 어디에서나 우리는 참된 문화는 아래로 가라앉아 가고, 어떤 새로운 것이 등장하고 있는 것을 보게 되는데, 우리의 첫 번째 느낌은 이것을 야만적인barbarisch 것으로 인지하고 있다. 처음에는 깊은 성찰이, 그 다음엔 다른 하나의 것, 즉 우리 안에 깊숙이 자리잡고 있는 감각이 하나의 새로운 가능성을 인식해 내고 있다. 이 새로운 가능성이란 무질서하게 작용하는 것들 안에 존재하는 하나의 새로운 질서, 즉 다른 종류의 양Maß과 자세Haltung를 가진 질서를 두고 말한다. 그런데 이러한 것이 실제로 생겨날 것인가는 것은 하나의 새로운 의문이다.

이러한 것은 어려운 상황에 처해서 그것을 극복해 낼 수 있는 방안을 제시하는 듯한 이론이나 만들어 내고 있는 것에 지나지 않는 것이 아닐까? 그리고 파괴적인 느낌으로 자기 변호나 하는 것은 아닐까?

하여간 걱정스런 의문이 생겨나고 있다. 우리의 삶이 이러한 지배의 손아귀에 들어가면 그 삶이 어떻게 되어 갈까? 생동적으로 진행되어 나가는 것은 자신의 고유한 길들, 성장해 가는 길들, 많은 것을 느끼고 내포하는 길들을 걸어간다. 그것은 하나의 깊은 확신을 가지고 있다. 그

것이 자신의 본질적인 궤도들에 머물러 있는 한 그것은 무한히 부드럽고, 결코 소멸될 수 없을 만큼 강하다.

그러나 이러한 궤도는 어둠 속으로 진행되어 나간다. 이러한 성취는 의식 세계에 크게 드러나지 않고 이루어진다. 그것은 종종 아무런 규칙도 없이 제멋대로 진행되어 나가는 것처럼 보이기도 한다.

만약 그것이 지성적인 형식들의 번지르르한 의식 세계에 접어든다든지, 기술 세계적 강제의 영역 안으로 접어든다면 어떤 일이 생겨날까?

기계들로 구성된 하나의 체계System가 삶을 에워싸게 된다. 삶은 이러한 것을 거슬러 자신을 방어하게 된다. 삶은 자유로운 공기와 안식할 수 있는 땅을 원한다. 그러나 이러한 체계는 삶에게 어떤 도움을 제공할 수 있을까?

이러한 체계 안에서 삶이 생동적으로 생존해 낼 수 있을까?

일곱 번째 편지

사랑하는 친구!

우리는 노 젓는 배를 타고 호수 중심으로 나가 코모 호수 한쪽 구석의 끝까지 갔단다. 우리는 여덟 시간이 넘도록 물위에서 호숫가의 작은 마을들과 밭들 그리고 별장들을 바라보면서 나아갔단다. 그 느낌을 말로 어떻게 표현해야 좋을지 모르겠구나! 그중에는 블라지오Bllagio 옆에 매우 아름다운 정원을 지닌 멜치Melzi 별장이 있었다. 이 별장에서 멀지 않은 곳에 양쪽에 오래된 측백나무 가로수가 서 있는 폭이 넓은 길인 비알레 귈리오Viale Giulio가 별장을 향해 뻗어나 있다. 호수의 한쪽 구석 약간 어둑한 곳에 16세기경에 지어진 것으로 여겨지는 별장 플리니아나Pliniana가 침묵 가운데 서 있다. 이 별장의 발콘은 호수의 수면 위에 얹혀 있는 것처럼 뻗어나 있다. 이 별장은 매우 거대한 측백나무들로 싸여 있으며, 솟아오르는 샘물 소리가 집안 전체를 감돌고 있다. 플리니우스 Plinius가 한때 서술한 바와 같이 이 집의 본래 주인은 바로 이 샘이다. 호수로 아주 훌륭하게 뻗어 있어서 밝은 햇살을 가득히 받으며 푼다 델 발비아넬로Punda del Balbianello가 있다. 이러한 모습들이 계속해서 이어지고 있다. 훌륭한 인간성에 의해 이루어진 고귀한 작품들이다. 이러한 집들 안에서 하나의 올바른 인간성이 자라날 수 있는 것이며, 이러한 인간성은 이러한 주변 환경을 벗어나서는 제대로 숨을 쉴 수가 없게 된다.

우리는 이러한 모든 것에 대하여 이제 더이상 이러한 것이 보편적이지 않은 어려운 시간에 즐거움을 가지고 대화를 나누었다. 나의 남동생이 다음과 같이 말했었다 ; "이러한 모든 것은 이제 지나가 버렸다. 이러한 것은 이것을 즐기는 소수의 사람이 존재할 때에 가능한 것이다. 예술은 오직 소수의 사람들에게 가능한 것이다. 대중이 다가오면 즉시 예술은 몰락하고 만다." 나는 동생의 이 말에 반기를 들었지만, 이제 나의 말이 틀렸었다는 것을 보고 있다. 그러나 더욱더 중요한 것은 다음과 같은 사실이다! 이러한 것들이 모두 다 참된 문화일까? 지금까지 있어 온 이러한 것이 참된 문화라는 것은 사실이다. 그런데 정치적인 것이든, 예술적인 것이든, 사회적인 것이든, 철학적인 것이든, 종교적인 것이든, 하여간 문화는 소수의 사람들에 의해 유지되어 왔었다. 지나간 과거에 만들어져 오늘날 우리에게 매우 강하게 말하고 있는 것은 소수의 귀족들에 의해 이루어진 것이다.

존재하는 갯수의 관점에서 볼 때 그것은 매우 적은 것이다. 우리에게 이러한 것은 과거에 이루어진 작업과 성취를 알려 주는 것으로 보인다. 실제에 있어서 이러한 것은 과거의 사람들이 쏟아부었던 정열, 진지함, 집중력 등을 충만히 보여 주는 의미를 지닌 것이다. 이러한 것을 이루기 위해 바쳐진 시간을 생각해 본다면 그 숫자는 결코 많지 않은 것이다. 오늘날 이루어지고 있는 것과 비교해 본다면 그림, 건물, 문학작품 등의 수는 매우 적은 것이며, 국가, 종교, 사회 등의 모습도 그 수가 매우 적은 것이다. 내가 보기에는 도시 베를린 하나만 해도 그리스 국가 전체가 가진 수만큼의 건물들을 가지고 있다. 우리에게 전대미문의 충만으로 가득 찼던 도시로 여겨지고 있는 아테네는 하나의 중간 크기의 도시에 지나지 않았었다. 그리스와 로마의 시대 전체를 통해서 저술된 책의 수가 얼마나 될까? 중세가 우리에게 남겨 준 문헌은 얼마나 될까? 그리고 새로운 시를 쓰기 시작한 고전 시대가 우리에게 남겨 놓은 것은 얼마나 될까? 만약 우리가 독일 전역에서 한 해의 기간 안에 쏟아져 나오는 수와 비교해 본다면, 그 수는 많지 않은 것이다.

적은 수의 제작물을 만듦으로써 힘을 모을 수가 있었다. 내가 여기서 의미하고 있는 것은 한 민족의 힘을 두고 하는 말이다. 왜냐하면 나는 이백 만으로 구성된 어느 한 민족이 백 만으로 구성된 다른 한 민족보다 두 배의 창조적 힘을 가지고 있다고 믿지 않기 때문이다. 기계적으로 계산해 내는 것은 가능할는지도 혹시 모를 일이지만 그러나 생생히 살아 있는 창의력은 그렇게 양에 비례하지 않는 것이다. 수치로 측정이 가능한 양적 성장이 같은 비율로 일의 심도深度도 깊게 해 나가는 것은 아니다. 일을 성취해 나가는 힘의 양은 측정할 수 있을지라도 창의력은 측정할 수 없는 것이다. 고대와 중세의 적은 수의 구성원들로 이루어졌던 민족들은 오늘날의 많은 수로 구성된 민족보다 더 집중된 성취력을 가지고 있었다. 한 개인으로서도 그러한 힘이 있고, 전체로서도 그러한 힘이 있다. 하나의 민족 그리고 인류가 한계를 알 수 없는 무한한 창조적 힘을 가지고 있을까? 아니면 이러한 창의적 힘이 개별적인 인간의 많은 수에 의해 분산되었을까? 개별적인 힘과 전체적 힘이 서로 어떤 형태로든 하나의 관계를 형성하고 있을까? 많은 수의 개개인이 있느냐 없느냐는 사실이 개개인의 성취적 힘에 이러하건, 저러하건 아무런 상관없는 것일까? 삶과 정신의 세계에 있어서 적당한 양量에 대한 개념을 적용시키는 것은 아주 어려운 문제이다. 그러나 여기에는 어떤 것이든 무엇이 분명히 있다. 우리는 여기서 이것에 대하여 분명하게 설명해 낼 수 있는 것보다 더 많이 느끼고 있다. 우리 시대의 문화적 전체 작업은 하나의 엄청난 양적 성취에 대한 감각을 가져왔다. 그러나 본래적인 창조적 성취는 그리스 문화와 같은 작은 공간에서 완전히 다른 깊이와 힘을 가지고 이루어졌다. 적은 수의 작품이 만들어졌기 때문에 이러한 힘들이 완전히 순수하게 작품 속으로 모아 들여질 수 있었다. 여기서는 좀 더 충만되고, 천천히 고려되면서 완전하게 작업될 수 있었다. 형태들과 이루어져야 할 과제들이 세대를 이어서 전달되면서 완전하게 완성되어졌다.

일이 이루어져 나간 것도 서서히 진행되었다. 너는 "시와 진리Dichtung und Wahrheit"에서 괴테의 아버지가 그의 집을 얼마나 오랫동안 생각하고 충분한 고려와 섬세한 배려로 지었는가에 대하여 기억하고 있을 것이다. 그는 당시에 특별한 사람이긴 했지만, 그의 태도는 당시의 일반적인 경향을 본질적으로 넘어서지 않는 범위 내에 있었다. 하나의 대성전Kathedral을 짓는 일에 있어서 사람들이 얼마나 긴 시간을 투자하였던가! 하나의 도시가 얼마나 천천히 성장해 나갔던가! 그리고 좀 더 넓은 시야로 본다면, 하나의 역사가 얼마나 천천히 흘러갔으며, 생생히 살아 있는 생각과 삶의 방식, 인간 관계 등이 변화해 나가는 데에는 또 얼마나 많은 시간이 걸렸던가! 하나의 사조가 시작되고 최고의 지점에 도달하고 가라앉아 가는 것은 거의 감지하지 못할 정도로 천천히 이루어졌다. 그렇게 하여 예술의 전형적인 형태들이 충분히 무르익을 수 있었으며, 사고의 문제들과 사회질서들도 충분히 성숙될 수 있었다. 그들 속에 들어 있던 가능성들은 강박이나 서두름 없이 충분히 계발될 수 있었다. 모든 것이 마치 나무가 충분한 시간을 가지고 줄기, 가지, 잎, 꽃 그리고 열매 등 자신의 모습을 갖추어 나가듯이 그렇게 충분히 자랄 수 있었다. 이러한 것에 작용하는 힘들이 자신의 역할을 완수해 나갈 수 있었다. 민족의 힘들, 지형의 영향들, 그 시대의 상황이 제시하는 과제들 등이 여기에 해당된다.

삶의 다양한 내용들이 자신에게 알맞은 형태들을 시간 속에서 만들어 나갔다. 왕궁은 왕궁다운 모습을 갖추었으며, 가정집은 가정집의 모습을, 교회는 참으로 교회의 모습을 갖추게 되었다. 축제의 그 생동적인 모습도 이와 마찬가지인데, 축제의 내부적 동인이나 외부로 드러나는 모습도 시간 속에서 성숙되어 일상생활과는 분명히 구분되는 그런 것이었다. 지배자는 참으로 지배자가 되었으며, 자신의 모습을 스스로 형성해 나갔다. 이것에 따르는 자들과 그들의 순명심도 함께 형성되어 갔다. 삶의 각 개별적 영역들의 특수한 내용들은 충분히 성숙해 나갈 수 있는 시간과 자신에게 알맞은 표현 방법을 찾아낼 수 있는 시간을 가졌었다.

질서의 서열들도 형성되어 갔다. 존재하는 직업들이 각자 나름대로의 가치와 품위를 지니고 있다. 그러나 이러한 것이 좀 더 높고 깊은 것도 있다는 사실을 인정하는 일을 방해하지는 않았다. 이와 마찬가지로 하느님 앞에서는 누구나 동등하다는 사실이 영적 가치들에 있어서 좀 더 높은 가치를 지니고 가는 위치들도 있다는 사실을 인정하는 것을 방해하지 않았다. 삶은 강한 애착으로 이끌려 나갔으며, 자신의 직업에서 요청되는 일들을 이행해 나갔다. 그러나 이러한 사실이 이상적인 것과 특별한 것, 현세적인 것과 거룩한 것을 구별해 내지 못할 정도의 상태로는 되지 않았다.

이러한 것에서 충분히 다듬어진 태도와 의식구조가

형성되었다. 이러한 구조 안에는 특정한 과제들, 권리, 존경심을 가진 확고한 지위들이 있었다. 또한 상당히 오랜 기간에 걸쳐 성장하고, 풍부한 전승으로 가득 찬 생생히 살아 있는 학교들이 있었다. 또한 오랜 기간 형성된 지식과 일에 대한 완성도가 왕성하여 자연스러운 것이 된 가내 공장들과 조합들이 있었다. 또한 하나의 특정한 방면에 전문인이 되어 자신의 책임을 수행해 나가고, 그 시대가 요청하는 책임을 수행해 나가는 나이든 사람들이 있었다. 이렇게 하여 분명하고도 내용으로 가득 찬 인간적 유형들이 형성되었었다. 물건을 만드는 유형, 성취하는 유형, 지배하는 유형, 봉사하는 유형, 즐기는 유형들이 잘 훈련되어 형성되어서 시대가 요구하는 활동을 충분히 수행해 나갔었다.

많은 세대들을 이어 내려오는 일에서 힘들Kräfte 이 모아지고 형성된다. 중세의 뛰어났던 건축가들에서 볼 수 있는 바와 같은 그러한 엄청난 생각의 힘이 1~2년 안에 생겨날 수는 없는 것이다. 보나벤투라Bonaventura 가 "한 주간에 6일간 일하는 것에 대한 강연들"을 - 이것은 파리 대학에서 소수의 선별된 청중들 앞에서 행해졌다 - 행했을 때, 그는 하나의 개념을 가지고 두 가지로 설명했으며, 그리고는 이 두 가지를 더욱더 섬세하게 설명해 나갔고, 그렇게 하여 마침내 그는 마흔여덟 개의 소항목으로 구성해 나갔다. 그리고 이러한 강의를 그는 어느 것에 매이지 않고 자유롭게 그리고 막힘 없이 속도감 있게 진행해 나갔다. 그래서 그의 강의를 기록하여 보도하고자 했던 사람들이 불쌍하게도 그의 강의 체계를 온전히 파악해 내지 못하여 혼란에 빠지고 말았던 일이 있다. 이러한 힘이 생생히 살아서 자신의 고유한 활동을 전개해 나갈 수 있기까지는 생각, 청취 그리고 연설에 대한 수백 년간의 인고忍苦의 훈련 과정이 있었다. 중세의 건축가와 그의 일꾼들이 가졌던 건축에 대한 힘들은 하루아침에 성숙된 것이 아니다. 수도회의 종교적 집중의 힘들도 또한 하루아침에 모인 것이 아니며, 기사들의 전투 능력도 마찬가지이다. 이러한 성숙이 이루어지는 데에는 수백 년이 소요되었던 것이다. 명령을 내릴 경우 그 명령이 수행해 나가는 사람에게 혼란과 고통이 되지 않고, 적절하고 올바른 것이 되기 위해서는 명령을 올바로 내릴 수 있는 능력을 소지하고 있어야 한다. 하나의 궁전 안에서 살아갈 수 있으려면, 그 궁전 안에서 행해야 하는 주인의 태도를 몸에 익히고 있어야 한다. 만약 이곳의 어느 한 고귀한 빌라의 거대하고 아름다운 방들에 – 최종적인 소유주는 이곳에서 많은 수의 하인들과 함께 살아가던 어느 한 노부

부일 수 있을 것이다 - 아메리카에서나 발칸반도에서 온 어느 한 벼락부자가 산다면 그것은 얼마나 어울리지 않는 일이겠는가! 이 별장은 그에게는 어울리지 않는다. 본격적인 의미에서 그는 이 집 안에 살고 있는 것이 아니다. 그는 이곳에 마치 낯선 식객처럼 앉아 있을 것이다. 물론 그가 그 집 안에 들어앉아 있기는 할 것이고, 그것으로 인해서 참된 상속자가 그 안에 들어가는 것이 불가능해지게 된다. 이와 같은 것이 다른 모든 것에도 해당되는 것이다.

생생히 살아 있는 인간 현존의 모습들이 성장해 나와 사람들이 살아가고 있는 태도와 그 모습 안에 육화되어 내재하고 있었다. 이들의 태도와 모습은 창조질서와 그들이 만들어 내는 작품들에 순응해 있었다. 이들은 이러한 것을 가져오고, 그것을 이해했으며, 그것을 즐기고 그 안에서 살아갔었다. 이들은 이러한 작품들과 형태들을 유지해 나갔으며, 이들의 특성에 알맞은 의미를 간직하기 위해 노력했고, 또한 그것들이 잘못 사용되거나, 폐쇄되어 가거나, 품위를 잃게 되지 않도록 애를 썼었다. 그리고 마침내 이 모든 것 안에 뿌리를 내리고 있었다. 이러한 모든 것은 흙에서, 땅에서, 바로 이 땅에서 자라났으며, 또한 이 역사 안에서 자라난 것이다. 계속 이어져 전해지는 전승은 이러한 것을 특별한 의식 없이 지극히 당연한 것으로 전제하면서 자신 안에 내포하고 있었다. 이러한 것은 땅, 물 그리고 공기가 공간 안에 있듯이 시간 안에 존재하고 있었다.

이러한 것에서 하나의 잘 다듬어진 인간성이, 시간 속에서 천천히 성장하여 명쾌하게 잘 전개된 형태가 형성되어 나왔다. 또한 관찰, 소유, 거주, 사유, 지배 그리고 성취에 의해 잘 훈련된 힘들을 소지해 나가는 사람이 형성되었다. 그리고 여기에 잘 맞추어지고 잘 구성된 작품, 충분히 성숙하고 충만된 작품이 만들어졌다. 숫자로 셀 수 있는 충만은 아니지만 진지함이 더해진 것이다. 삶의 힘은 몸의 최종적인 지체에 이르기까지 뻗어져 나갔다. 삶의 다양한 측면은 수천 종류의 개체들에게까지 영향을 미친다. 모든 종류의 대문, 창살, 계단, 금언, 윤리 규정, 조직 그리고 전승 등이 각각 개별적으로 삶으로부터 성숙되어 나왔고, 자신이 지닌 그러한 형태로 구성되었다. 이러한 작품들은 부드럽고 유동적이어서 새로운 상황에 다시 잘 적응해 들어갈 수 있는 것이다. 이들은 토양에 따라, 지역에 따라, 그것이 놓여 있는 시대의 상황에 따라 맞추어 들어갔고, 특히 인간들의 매우 다양한 형태들, 위치들, 서열들 등에 따라, 그리고 그가 놓여 있는 시간의 다양한 변화에 따라 맞추어 갔다. 그리고 모든 종류의 재료, 일 그리고 임금 등이 순수하고 진정한 것이었다.

이러한 모든 것이 오직 한 종류의 사실, 즉 대량Die Masse에 의해 변화되고 말았다. 인간 존재가 이렇게 엄청난 숫자로 어느 날 갑자기 불어나고 있는 사실은 풀리지 않는 하나의 수수께끼이다. 왜냐하면 경제학이나 사회학적 설명들이 이러한 과정에 대하여 명쾌하게 설명해 내지 않고 있기 때문이다. 지난 육십 년 동안에 있었던 인구의 폭발적인 증가는 기계에 의해 가능했었다. 인구의 이러한 폭발적인 증가는 한편으로 기계를 제작하는 것을 가능하게 한다. 이러한 사실에 의해 하나의 현상으로 다른 현상이 분명하게 설명될 수 없다는 것이 분명하게 드러나고 있다. 나에게는 기계를 만들어 낸 과정이 "인간 존재"가 한없이 개체 수를 증가하고자 하는 욕망을 제어하는 끈을 끊어 놓은 것을 의미하는 것으로 보인다. 기계에 의해 환경에 알맞게 형성된 유기적인 질서가 파괴되고, 자연과의 일치도 무너졌으며, 개별적으로 고립되어 있던 힘들이 자신을 통제하는 끈을 끊어 버리고 나서게 된 것이다.

이러한 것이 어떤 작용을 할까? 이러한 체계에서는 많이 생산되어야 하는데, 그것도 아주 많이 그리고 아주 빨리 생산되어야 한다. 빨리 생산되고 빨리 소비되어야 한다. 그 이유는 생산된 제품은 그것을 소비할 능력이 있는 시장을 요청하기 때문이다. 수요와 공급의 상태에 의해 조절되던 유기적인 긴장에 의해서가 아니라 대량으로 생산되는 것이다. 대량으로 생산된 물건은 온갖 종류의 재치와 강압의 수단을 동원해서 소비를 부추겨서 소비되어야 한다. 이렇게 해서는 어떠한 것도 충분히 숙성될 수 없다. 모든 것이 빠르게 진행되어야 하고, 가장 빠르고 싼 길들로, 대량으로 비개성적으로 진행되어야 한다. 이러한 것도 또한 고유한 유형을 만들어 나가는 것이다. 아니 그렇게 말할 수 없고, 유형들이 파괴되고 일그러진 형태들이다. 가능한 대로 빠르게 그리고 대량으로 생산할 수 있는 형태가 개발되어야 한다. 최근에 어느 한 보도에서 내가 읽은 것에 의하면, 미국에서 보통으로 70 내지 80 종류의 통들Fässer 이 있는데, 이것을 대량생산이 가능하도록 단지 12 종류로 통일했다고 한다. 표준이라는 방향으로 달려가고 있다. 포드Ford 는 자신의 저서와 일을 통해 이러한 것을 일반인이 이해할 수 있도록 제시했다. 소비의 대상들은 점차 적은 수의 유형으로, 매우 편리한 유형으로 표준화되었다. 통들, 자동차들, 집들, 옷들, 언어들, 학교들 그리고 마침내 인간들도. 틀림없이 그들도 그렇다.

너 자신이 이 "세상" 안에 어떻게 존재하고 있는지 한번 둘러보라! 그리고 공장은 최대의 능률을 지향하는 과학적 경영법인 타일러시스템Taylor system에 따라 만들어져 엄청난 양의 제품들을 시장에 쏟아 내놓는다. 개별적인 사람에 의해 충분히 생각되어서 만들어진 것, 개성적인 의지에 따라 구성된 제품은 완전히 종말을 맞이하게 되었다.

다양한 형태들이 엄청나게 많이 생겨났다. 이들은 삶 안에 뿌리를 갖지 못하고 있고 자신의 고유한 가치도 갖지 못하고 있다. 우리는 극장을 사원이나 되는 것처럼 그런 형태로 짓고 있으며, 은행을 대성전의 건축 양식으로 짓고 있고, 임대 주택을 궁전의 형식으로 짓고 있다. 평일과 주일의 구분이 없어지고 같은 등급의 날이 되었다. 하이힐을 신고 비단 블라우스를 입고 일하고 있다. 축제에 입는 고유 의상이 사라지고 말았다. 주인이 되어 있는 사람이 주인으로서의 능력은 없고 단지 돈을 가지고 있기 때문에 주인이 된 경우면 그 얼마나 우스꽝스러운 일인가? 그런데 이런 일이 자주 있다. 검소하게 살아야 하는 사람들이 아무런 내적 준비나 능력 없이 큰 집과 넘치는 호화 생활을 바라는 것이 일상사가 되어 버렸다. 일상적인 일이 매우 호화스러운 말로 높이 칭송되는 경우도 있다. 신문의 기사들은 일반적으로 생각되고 말하는 형태로 쓴다. 만약 이들이 충분한 내용을 지닌 것이라면 철학적인 탐구나 학문적인 방법들을 사용했을 것이다. 시장에서는 매우 화려한 말들로 치장을 한다. 이와 같은 일들이 한없이 전개되고 있다. 어디에서나 말의 사용이 혼돈에 빠져 있다. 그리고 위계질서도 무너지고 말았다. 각자 모두가 스스로 옳다고 생각하고 있다. 내용의 본질에 따라 맞추어 나가거나, 역사적으로 또는 사회적으로 형성된 권위에 순응하려고 하지 않는다. 어느 하나 보다도 더 권위가 있는 것은 없어졌다. 각자가 모두 창공을 나는 새처럼 자유로운 것이다. 감히 접근할 수 없는 신성한 부분도 없어졌다. 각자는 무엇이든지 만지고 탐구해 볼 수 있는 것이다. 모든 종류의 철학적 문제들, 예술들, 역사적 사건들, 개성들, 추억 속에 남아 있는 최후의 비밀 하나까지도, 편지, 은밀한 고백, 깊은 비밀들에 대한 증거들도 포함해서 모든 종류의 종교적 가치들, 이 모든 것들이 백일하에 드러나 있고 누구든지 원하면 자신의 것으로 살 수 있는 것이다. 사람들의 목에서 욕지거리가 나오는 것은 또한 어떠한가! 우리의 실존은 어디에서나, 심지어 종교적인 것 안에서도 천해져 있다.

일반적인 신비들인 종교적 행위를 살펴보자. 신비를

언급하는 "종교적 행위", "종교적 전설", "종교적 찬가" 그리고 우리의 신앙생활은 이제 더이상 구원의 힘이 지닌 모습을 가지고 있지 못하고 있다! 예수 탄생에 대한 수백 종류의 멋진 장식들과 아름다운 연극들로 채워진 성탄절에 실제로 일어나는 것은 무엇인가? 믿음 안에 존재하는 모든 종류의 비밀들이 찬송가들과 종교적 전설들에 의해 얼마나 많이 파괴되어 가고 있는가! 어떤 사람은 이러한 것들은 미약한 것들이므로 없애 버리지 말고 그냥 두는 것이 좋겠다고 말할는지도 모르겠다. 그러나 내가 보고 듣기에는 이러한 저속물들은 파리를 잡는데 사용하는 끈끈이처럼 끈질기다. 이들은 두뇌에 깊숙이 파고들어 끈질기게 달라붙어 있기 때문에 이것으로부터 벗어나려면 엄청난 노력을 가해야 한다. 교회들 안에 존재하는 무시무시한 종교적 그림들과 온갖 종류의 카렌다들과 신심 서적들을 한번 생각해 보라. 이러한 것들이 사람들에게 그리스도의 참된 모습에 대하여 상당히 왜곡시켜 놓기 때문에 이러한 끈질긴 비정상적인 것들로부터 벗어나기까지는 수십 년의 시간이 소요된다.

또한 언어 사용을 보라! 신문, 현수막, 광고들 그리고 토의들이 난무하면서 언어를 피폐화시키고 있다. 몇 년 전만 하더라도 "고귀한edel"이라는 말은 아주 멋지고 근사한 말이었었다. 사람들은 이 단어를 매우 절제해서 사용했었다. 사람들은 이 단어로 매우 드물고 뛰어난 것을 표현하는 것이라는 사실을 알고 있었다. 그러나 오늘날 사람들은 이 단어를 매우 지저분하게 사용하고 있다. 특급가스들Edelgasen이란 말로부터 시작하여 참된 공산주의자들Edelkommunisten 그리고 특수강Edelstahl에 이르기까지 마구 사용하고 있고, 심지어 참소주Edelschnaps라는 말을 사용하기에까지 이르렀다. 그러나 나에게는 대체될 수 있는 다른 단어가 없는 이 좋은 단어가 시가지를 다니는 전차의 광고판에 달콤한 술을 선전하는 데에 사용되어서 언제나 그 술을 소개하는 것과 함께 눈에 들어온다면 뭔가 큰 것을 잃어버린 것으로 느껴진다. 또한 "사람Mensch"이라는 단어가 어떻게 쓰이고 있는가! 그리고 "삶Leben", "가치Wert"란 단어들은 또한 어떻게 사용되고 있는가! 이러한 것은 수없이 이어지고 있다. 천박화되는 것이 어디 이것뿐인가! 계시Offenbarung, 은총Gnade, 신인Gottmensch과 같은 거룩한 것을 지칭하는 단어들이 얼마나 많이 파괴되고 있는가! 그리고 "하느님Gott"이라는 단어 자체는 또한 어떻게 사용되고 있는가! 부끄러움도 없이 얼마나 많이 이러한 단어들이 이곳저곳으로 끌려다니고 있는가! 우리들이 유산으로 물려받은 것이 엄청난 기계 속으로 들어가 모든 것이 파괴되어 버리는 듯한 인상을 나는 가진다. 우리는 이러한 것들을 통해 매우 가난해지고 말 것이다! 그 자체가 참된 것이 아니고, 또한 우리의 영혼 안에서 참된 것으로 머물지 않는 것은 소멸되고 말 것이다. 그리고 그러한 것은 소멸되어 가는 것이 마땅한 것이다. 아마도 우리는 이러한 길 외에는 참된 실제에 도달할 수 없을 것이다.

사물들, 언어들, 형태들이 황폐화되고 있다. 사람들 역시 황폐화되어 가고 있다. 사람들이 집들 안에서 살아가고 있지만 자신이 살고 있는 집의 올바른 주인이 되어 있지는 못하고 있다. 마치 다른 사람의 것이어서 자신의 몸에는 잘 맞지 않는 양복을 입은 것과 같이 단순히 그 집 안에 들어앉아 있을 뿐이다. 사람들이 즐기고 있지만 자신이 즐기는 것의 참된 즐거움에는 도달하지 못하고 있다. 명령권을 가진 사람이 명령을 하지만 사람들은 그 명령이 지닌 내적 불완전성, 경련, 불손을 느끼고 있다. 사람들은 자주적인 존재가 되기를 원하지만 이것 역시 제대로 성취하지 못하고 있다. 사람들은 좀 더 높은 가치의 것들, 종교적인 것들, 철학적인 것들에 대하여도 언급하지만, 그들의 주장은 내용을 제대로 체계적으로 갖추지 못하고 있고 신문에서 말하는 대로 되풀이나 할 뿐이다. 사람들은 비판을 하지만 그들의 비판이 타당성을 지니고 있는 것인지, 그들의 생각이 충분히 고려된 생각인지, 그들 스스로는 자신들이 행해 나가야 할 일들을 올바로 해 나가고 있기나 한지 물어 봐야 할 일이다. 이러한 것 외에도 많은 것을 계속해서 언급해 나갈 수 있지만 이 정도 언급한 것으로도 충분하리라 생각된다. 앞의 편지들에서 언급한 것들 모두를 한번 더 읽어 보면 좋겠구나. 앞에서 언급한 것의 최종적인 추한 모습을 여기에서 분명하게 보고 있지 않은가! 그렇지? 우리가 이러한 황폐荒廢, Verwüstung 속에서 계속해서 살아갈 수 있다고 너는 생각하니?

여덟 번째 편지

사랑하는 친구!

나는 오늘 이 편지에서 할말이 상당히 많은데, 내가 하고 싶은 말을 표현해 내는 일이 잘 되어 나가기를 희망하면서 시작해 볼게.

코모 호수는 남쪽에서 양쪽으로 나뉘어져 뻗어 나가 있는데, 그 사이에 하나의 좁은 땅이 길게 뻗어 있다. 이 땅은 매우 아름다운 나무들로 뒤덮여 있는데, 호수의 수면에서 이곳을 바라보면 사람들은 마치 고호의 오래된 그림 하나를 보는 듯한 느낌을 가지게 된다. 이 땅의 끝부분에 오래된 세르벨로니Serbelloni 성이 호수를 향해 서 있다. 그런데 이제 이 성은 파괴되어 있다. 이 낡은 성 뒤쪽을 바라보면 반대편 언덕 아래로 아직도 세르벨로니 빌라가 서 있는데, 이것은 이제 호텔로서 사용되고 있고 아직도 상당한 매력을 지니고 있다. 이 좁고 긴 땅 전체가 오래된 옛 문화를 보여 주고 있다. 나는 지금 막 벨라지오 Bellagio와 성 조반니San Giovanni 언덕 사이에 놓여 있는 침묵이 감도는 긴 길을 걸어서 왔다. 이곳은 옛날에 이곳에 집을 세우고, 담을 치고, 길을 내고 하던 때의 힘과 분위기로 가득 차 있다. 이 모든 것이 나로 하여금 이러한 모든 것의 깊은 본질은 무엇인가, 그리고 오래된 옛 문화 전체의 깊은 본질은 무엇인가에 대하여 스스로 묻게 하였다.

나에게는 이 모든 것이 다음과 같이 보였다 ; 이 모든 것은 생생히 살아 있는 사람에 의해 자연과의 깊은 일치 속에서 만들어졌다. 나는 내가 의미하고자 하는 것을 명쾌하게 서술해 나가도록 노력해 볼게. 이것은 지금까지 말한 모든 것을 포용하는 것이야.

나에게는 인간이 만들어 놓은 것, 인간이 자신의 주변 환경을 가꾸어 놓은 것, 그의 작품들 등은 모두 그의 본질과 그의 생명력이 가진 능력에 맞추어져 이루어진 것으로 보인다. 각 종류의 지체들과 기관들로 구성되어 있는 그의 몸과 드러나거나 숨겨져 있는 그의 정신적 힘에 따라 모든 것이 규정되어 있다. 생생히 살아 있는 인간이 이러한 것을 받아들이고, 만들어 나가고, 자신에게 편리하도록 변화시키고 또한 그것을 소유한다. 인간 개개인과 인간 사회, 즉 가족, 공동체, 국가, 교회 등이 모두 인간의 본질과 인간의 정신적, 육체적 능력에 따라 인간에 의해 만들어진 것이다. 내가 여기에서 의미하고 있는 것은 사회적 질서들, 전개되어 나가는 과정들 그리고 형태들에게도 적용되는 것이다.

물론 인간은 상당히 많은 수의 그리고 섬세한 작업 도구들, 보조 수단들을 필요로 한다. 그러나 이러한 도구들은 지속적인 관리를 요청하고 있고, 이들은 단지 인간이 자연으로부터 가진 기관들이 좀 더 잘 작용하도록 도와주는 역할을 할 뿐이다. 이들은 인간이 좀 더 멀리 그리고 좀 더 정확하게 보고, 듣고, 파악하고, 작용하고 그리고 다스릴 수 있도록 도와준다. 그렇지만 이들은 인간이 직접 생생히 감지할 수 있는 범위 내에 머무는 한계성을 가지고 있다. 이러한 한계성이 정확하게 어느 정도의 선에 놓여 있는지를 정확하게 말하는 것이 나에게는 가능하지 않은 일이지만 한계선이 분명히 있다는 사실은 나 스스로 감지하고 있다. 과거에 인간이 이러한 한계선을 넘어서지 못한 것은 인간 스스로 그것을 넘어서지 않으려는 의식, 혹은 무의식 중의 의지가 있었기 때문이었는지, 아니면 단지 기술적으로 그것을 넘어서는 것이 불가능했기 때문이었는지 그것에 대하여는 나는 알지 못한다. 하여간 한계선은 존재하고 있다. 그런데 이 한계선이 가끔은 파괴되는 상황에까지 도달한 경우가 있었다고 나는 생각한다. 고대 로마에 있었던 카라칼라Caracalla 목욕탕의 경우를 예로 들 수 있겠다. 나에게는 이 목욕탕이 본질적으로는 우리 시대에 속하는 것처럼 여겨졌다. 그리고 로마제국이 가장 번성했던 시절의 영역도 이 한계선을 넘어선 것으로 여겨진다. 로마인들은 한계선을 파괴하는 존재들이었을는지도 모르고, 기계적인 조직을 매우 강하게 구축하고 있었을는지도 모를 일이다. 그러한 느낌을 나는 로마에 있는 베드로 대성전에서도 가졌었다. 그 공간은 최종적으로는 생동적인 것으로 와닿지 않았었다. 그 이유는 아마도 그 공간이 너무나도 커서 인간이 지각하여 감당할 수 있는 범위를 넘어섰기 때문일 것이다. 이러한 것들은 아직도 더 언급할 수 있을 것이다. 그러나 일반적으로는 그 한계선은 지켜졌고, 이것에 의해 과거의 문화가 지난 세기의 중반에 이르기까지는 인간적인 것으로 머물러 있었다. 이 문화의 크기, 활동성, 관계들 등은 모두 인간에 의해 규정되었다. 인간에 의해 구체적으로 구상되고 인간이 그 안에서 살아갈 수 있도록 만들어졌다. 이들은 인간의 삶이 가능하도록 했고, 인간을 성장시켰으면서도 언제나 인간의 힘이 도달할 수 있는 범위 내에 머물러 있었다.

그리고 이러한 문화는 자연스러운 것이다. 인간이 이루어 놓은 것은 자연과의 직접적인 관계에서 만들어져서 문화의 영역에로 접어든 것이다. 이렇게 만들어진 것은 모두 자연과의 가까운 거리 안에 존재한다. 여기에서는 자연의 힘들이 아직도 직접적으로 이러한 문화적 존재 안으로 흘러들어 오는 듯이 여겨지며, 이들은 자연으로부터 일부만 벗어난 것으로서 중요한 부분은 자연 속에 뿌리를 박고 있는 것으로 보인다. 그래서 이들이 자연으로부터 조금 더 벗어날 경우에는 자연의 손이 즉시 이들을 다시 자신의 품안으로 끌어들이는 듯이 보인다.

이러한 방법으로 인간적인 모든 것, 즉 건물, 공장, 도구 그리고 옷을 비롯해서 풍습과 관습, 삶의 질서 등을 만들었으며, 이들은 아무런 문제없이 자연의 질서와 일치할 수 있었다. 이들은 자연의 최종적인 질서를 파괴하지 않으며, 강요하지 않는다. 이들은 언제나 자연스러운 것으로 머물며, 문화로서의 특성을 잃지 않고 자신을 지켜 나간다. 자연과 문화는 서로 다른 영역의 것으로서 자신의 특성을 지켜 나가야 한다. 그럼에도 불구하고 이들은 서로 조화를 이루어 가야 한다. 그리고 이러한 문화 안에는 조화가 존재하고 있다.

나는 이러한 것을 지난 며칠 동안에 매우 깊이 체험했다. 저기 저 아래쪽 호수의 희미한 한쪽 모서리에 플리니아나Pliniana 빌라가 서 있다. 이 집은 르네상스 초기에 지어진 것이다. 산속에 깊이 파인 골짜기가 있고, 그 골짜기에는 아주 오래된 측백나무들이 서 있으며, 이곳에 이 빌라가 서 있는 것이다. 사람들은 호수를 통해서 이 집으로 오게 되는데, 물에 도달하면 잘 정리된 계단을 따라 올라가서 테라세Terrasse에 이르게 된다. 그다음에 하나의 현관을 거쳐 본격적인 빌라 안으로 들어가게 된다. 이곳에서는 언제나 물 흐르는 소리를 듣게 된다. 그다음에는 아름답게 만들어진 아치 세 개로 구성된 발콘이 있다. 이 발콘 아래로는 급경사를 이루며 호수로 이어진다. 이곳에서 물소리는 점점 더 크게 들린다. 몸을 돌려 옆을 바라보면 이 집이 하나의 샘이 솟아 나오는 바위와 밀접한 조화를 이루면서 지어졌다는 것을 보게 된다. 이 샘의 물은 하루에도 여러 번 솟아올랐다가 가라앉곤 한다. 이 샘이 이 집의 본래적인 주인인 것이다. 이 집에 들어오는 누구나 이 샘의 손님이 된다. 이것은 참으로 가치가 있고 아름답다.

이탈리아 사람들이 "위대한 태양으로 가득 찬 것"이라고 말할 것이 분명한 하나의 대상에 대하여 서술해 보겠다. 호수로부터 성 조반니에 있는 하나의 테라세Terrasse로 - 요즈음 이곳에는 어느 한 석수가 자신의 작업장을 가지고 있다 - 다가가면, 매우 아름답게 만들어진 층계가 땅을 향해 위로 올라가 있는 모습을 보게 된다. 여기서 계속 올라가 호숫가를 따라 이어지는 길을 지나면 두 개의 소박한 둥근 기둥을 만나게 된다. 이 두 기둥 사이로 하나의 언덕이 펼쳐져 있는 것이 보인다. 여덟 개의 부가물이 위로 정리되어 규칙적으로 놓여 있다. 10보를 똑바로 걸어 나아갈 때마다 측면을 예쁘게 장식한 15개의 계단이 있으며, 이곳의 좌우에는 잔디가 곱게 깔려 있다. 이러한 것이 모두 여덟 개나 되는 것이다. 계단이 중심인 이 전체의 폭은 30보이다. 그 좌우 가장자리에는 부분적으로는 매우 오래되고 검은 측백나무들이 푸른 하늘을 향해 위로 뻗어나 있다. 이러한 층계의 위에는 30보 넓이의 잔디로 덮인 대로가 높여져 있고, 이것은 왼쪽으로 구부러지는 좁은 길로 연결되어 있다. 이 대로는 500보의 길이인데 낮은 돌담이 양쪽으로 둘러쳐져 있으며 과일밭 사이를 지나가 귈리아Giulia 빌라를 향해 나아간다. 이 층계의 아름다움과 그 위를 걸어가는 것의 멋을 어떠한 말로 다 표현해 낼 수 있겠는가! 주변의 광대함, 하늘과 태양 그리고 풍부한 생산력 그리고 그 안에 존재하면서 그 모든 것을 만들어 낸 내적 힘! 그리고 가장자리 끝에는 아주 단순하고 소박하며 나지막한 울타리가 자리잡고 있다. 하나의 커다란 정원은 타원형을 이루고 있다. 이 정원 안에는 별다른 것은 없고, 가장자리를 따라 산책로가 놓여져 있으며, 이 산책로를 따라 목련나무들이 심어져 있고, 중앙에는 편편하고 둥근 분수가 있다. 이것들 외에는 아무것도 없다. 오직 공간이 있을 뿐이다. 네가 감동하고 있는 이 빌라는 이렇게 단순하게 구성되어 있다. 네가 만약 주변 전체를 바라본다면, 너는 호수에 돋아나 있는 반도 모양의 땅 전체를 걸어온 것이 되었으며 그래서 너는 이제 다른 한쪽으로 와 있는 것이다. 이 빌라에서 호수 안으로 뻗어나 있는 다른 땅과, 렉코Lecco에 서 있는 이글거리는 태양빛을 반사하는 가파른 산들을 보게 된다. 이 전체의 시설은 사람이 햇볕을 받으며 산책할 수 있도록, 지형에 알맞은 크기에 따라 만들어져 있을 뿐이다.

너는 여기서 자연과 인간이 이루어 놓은 조형물이 서로 조화를 이루고 있음을 느끼고 있니? 아마도 네가 이것은 다만 선별된 드문 조형물에 지나지 않는 것이라고 말할는지도 모르겠다. 그래서 나는 너에게 다른 것에 대해서도 잠시 이야기하고자 한다. 만약 여기서 어떤 이가 정원들 사이를 걸어간다면, 수많은 담들 사이를 거쳐 위로 또는 아래로 왔다갔다 한다면, 그는 모든 것이 나지막한 소리로 자신에게 속삭이는 듯한 느낌을 받게 된다. 그리고 제법 길게 난 길은 나귀가 짐을 지고 올라갈 수 있도록 매우 낮은 계단으로 구성되어 있으며, 바닥은 둥근 돌들로 깔려 있다. 정원에 설치된 다양한 종류의 담장들 사이를 거쳐 이러한 길들을 따라 꼬불꼬불 산으로 올라가는 그 기분을 어떠한 말로 표현해야 좋을지 모르겠구나! 그리고 이 담들 바깥으로는 신비스러움으로 가득 찬 멋진 것들이 자리를 차지하고 있는데, 그것은 바로 월계수 나무들, 올리브 나무들, 대나무 숲, 함수초들含羞草, Mimosen 등을 비롯하여 우아하고 아름다운 잎들을 지닌 나무들과 향기 나는 꽃을 피우는 나무들 등 수많은 식물들이 자라고 있다. 나에게는 이러한 담들과 멋지게 이어지는 길들이 청아한 음악과도 같이 여겨진다. 나는 온몸으로 이들을 가장 깊은 본질에 이르기까지 느낀다. 이것이 무엇일까?

나는 또다시 한번 호수의 건너편으로 갔다. 이곳은 빌라가 전혀 없는 완전히 순수한 농업 지역인데, 지대가 다소 높고 사람들이 넉넉지 않은 목축과 밤나무 숲이 제공하는 밤으로 그들의 생계를 꾸려 가는 참으로 가난한 지역이다. 나는 레골레도Regoledo의 위쪽에서 이리저리 다녔으며, 이 지역에서도 상당히 생소한 이름을 가졌기에 내가 더이상 그 이름을 기억하지 못하는 하나의 작은 보금자리 집을 거쳐서 지나왔다. 길은 마을의 광장으로 이어져 있었고, 그래서 나는 그곳에 서서 머물게 되었는데, 그곳의 아름다움에 사로잡히고 말았다. 그것이 특별한 어떤 것은 결코 아니었다. 만약 이 마을이 부유하게 되어 현대적 감각을 지닌 어떤 이를 마을의 책임자로 영입하게 된다면 틀림없이 이 광장은 황폐화되고 말 것이다. 이 마을은 일상의 통례를 따른 지극히 평범한 집들로 구성되어 있고, 이 집들을 둘러싸고 있는 돌로 된 담 역시 그러한데, 이 집들이 광장을 중심으로 상호 정돈되어 배열된 모습은 일찍이 들어본 일이 없을 정도로 너무나 아름다운 모습을 지니고 있다. 세 개의 개방된 길이 이 광장으로 들어오며, 네 번째의 길은 커다란 건물 아래에 있는 문을 통해 나 있다. 마을 땅의 어느 한 부분도 그냥 버려진 곳이 없이 잘 활용되어 있다. 벽마다 다른 모습을 지니고 있으며, 모든 것이 완전한 움직임 속에 들어 있다. 이러한 모습으로 만들어진 것은 오직 하나뿐이다. 이와 비슷한 모습을 너는 이곳에서 한 발자국 두 발자국 나아가는 동안에 만나게 되는데, 오직 현대 문명이 아직 도달하지 않은 지역 내에서만 그러할 뿐이다. 이러한 마을에서 바깥으로 나아가면 그곳에는 밭들이 있으며, 포도원들, 햇볕이 반짝이는 숲들, 호수 등을 만나게 되며, 이 모든 것들은 서로 긴밀한 관계 속에서 조화를 이루고 있다.

이 모든 것들은 내가 이미 너에게 말한 특성을 지니고 있는데, 그것은 이 모든 것들이 인간에 의해서 만들어졌고, 그래서 전반적으로 인간적이라는 사실이다. 그리고 이 모든 것들은 자연과의 밀접한 관계 안에서 만들어졌고, 그래서 저 깊은 본질에 이르기까지 자연적이다.

그러나 바로 이러한 사실이 사라져 가고 있다.

내게는 다음과 같은 일이 발생한 것으로 보인다 ; 자연의 질서를 알아내고자 한 탐구가 수백 년 동안 지속되어 오는 과정에서 자연 속에 존재하는 질서들에 대한 지식을 어느 정도 축적하게 되어 이제는 그 질서 전반에 대한 깨달음을 가지게 되었다. 이러한 것에 의해서 자연 안에서 고유하게 작용하고 있는 내적 관계들을 파헤쳐서 분해해 낼 수 있게 되었다. 개별적인 힘들, 무엇보다 먼저 증기, 전기 그리고 화학적 에너지들 등이 그들이 자연 안에서 자연스럽게 존재하고 있던 관계들로부터 분리되어 나오게 되었다. 그들의 이성적 법칙들이 인식되었으며, 이렇게 알려진 것에 근거를 두고 그들의 작용 능력이 분리되어 나오게 되었다. 그리고 인간에 있어서도 하나의 커다란 변화가 생겨나게 되었는데, 이렇게 분리되어 나온 자연의 에너지에 일치해 들어가는 하나의 특정한 새로운 자세, 하나의 새로운 정신 자세, 새로운 견해 그리고 물론 기계적-이성적인 일을 향한 의지 등을 가지게 되었으며, 이러한 힘들을 활용하는 일들에 자신을 내놓았다. 그리고 이러한 힘들이 최대의 효과를 가져오도록 노력하는 정신적인 분위기를 만들어 나갔다. 이제 자신 안에 고정되어 있던 자연의 힘들이 그 내부에 존재하는 법칙들이 인식되는 것에 의해, 특히 새롭게 생겨난 기계적 의지에 의해 자신의 힘을 충분히 발산할 수 있게 되었다. 내가 여기에서 사용한 "기계적mechanisch"이라는 표현은 의지가 "물질적materiell"인 것에 관심의 초점을 두고 있는 것을 의미하고 있는 것은 아니다. 하나의 엄청난 정신성Geistigkeit이 이 의지 안에 들어 있는 것이다. 이 의지는 유기적인 관계를 지니고 있지 않으며, 또한 이 의지는 지난날에 무엇을 만들어 낸 의지Schaffenswille가 자연의 주어진 질서와 관계들 속에서 작업을 해 나간 것과 같이 작용해 나가지도 않는다. 이 의지는 인간이 가진 유기적 작용 범위라는 것을 전제 조건으로 가지지 않는다. 이 의지의 출발점은 고립되고, 이성적으로 파악되었으며, 기계에 - 기계는 도구화된 이성에 지나지 않는다 - 의해 활력을 가지게 된 자연 힘Naturkraft이다. 이러한 것에 의해 작용들, 목표를 설정하는 일들, 정돈하는 일들, 질서들에 있어서 하나의 완전히 새로운 세계가 다가오게 되었는데, 그것은 인간의 생생히 살아 있는 유기적인 조건들에 의해서 규정되는 것이 아니라 자유로워진 자연 힘에 의해서 그리고 이러한 자연 힘 안에 존재하는 고유한 이성적 법칙들에 의해서 규정된다. 이 자연 힘은 자율적으로 그리고 강제적으로 자신의 길을 걸어가며, 유기적인 조건에 대해서는 전혀 고려하지 않는다. 이러한 것은 인간의 기관들이 가진 한계에 대해서는 전혀 알지 못하는 태도에 의해 지배된다. 이전의 인간들은 인간의 기관이 가진 한계를 인정하고 이것에 맞추어 지혜, 아름다움, 삶의 태도 등을 가꾸어 나갔는데, 이제 이러한 모든 것들은 매우 작고 좁아 보잘것없는 것으로 인식되고 있다. 이들의 의지와 정신성은 - 이성적인 작업에 의해 한계를 벗어 버렸고 정확히 설정한 목표를 기계적 힘으로 이루어 나가는 것에서 보이는 바와 같이 - 오직 경계선이 없는 무한한 가능성이 놓여져 있는 영역에서만 작용할 수 있도록 구성되어 버렸다. 이러한 것에서 생겨나는 것은 더이상 인간에 의해서 만들어진 것이라고 할 수 없는 것, 지금까지의 방식으로 살아온 인간에 의한 것이라고 할 수는 없는 것이다. 인간이 가진 기관에 맞추어 주어진 공간에 대해서 인식하는 인간적인 감각, 주변 형태들에 대한 감각, 관계에 대한 느낌 등이 지배하는 것이 아니라 지성적이고 기계적인 결론들이 지배하게 된다. 인간적인 척도는 사라지고 말았다. 양Masse과 활동Dynamik 모두에게 있어서 거시적이건 미시적이건 간에 인간에게 적절한 한계라는 것이 더이상 존재하지 않게 되었다. 작용의 범위가 어떤 방향으로든 한계를 모르고 무한히 뻗어 나가고 있다. 유기적인 관계의 모든 측면으로부터 벗어난 의지는 자신의 목표들을 자의적으로 설정할 수 있게 되며, 이성적으로 관리되고 있는 자연 힘들을 완전하게 펼쳐 나가기를 강하게 원하게 된다. 생생히 살아 있는 인간은 이러한 것들에 완전히 내맡겨져 있다. 자신의 유기적인 기관의 능력에 알맞은 목표는 더이상 설정되지 않고, 자신의 자의적인 의지에 내맡겨져 버린 것이다.

이러한 현상은 지금까지 살아온 인간에 비추어 본다면 비인간적인 것이고, 지금까지 존재해 온 자연에 비추어 본다면 비자연적인 것이다. 너는 이러한 현상이 과거의 인간성이 만들어 놓은 것과 자연과의 깊은 연계 속에서 이루어 놓은 모든 것을 거부할 수 없을 정도로 계속 파괴하고 있음을 느끼고 있다. 어디에서나 너는 하나의 질서나 창조가 다른 것을 삼켜 나가는 것처럼, 하나씩 하나씩 부서져 나가는 것을 느끼고 있다. 독일에서는 이러한 과정이 이미 상당히 진행되고 있어서 우리는 이러한 것에 대하여 관심조차 가지지 않을 정도로 자연스러운 것이 되어 버렸다. 오직 우리가 이따금 오래된 마을이나 아직 산업화되지 않은 지역으로 오는 경우에만 우리는 무엇이 파괴되어 갔는지 인식하게 된다.

사람들은 인류가 오랫동안 살아온 방식의 세계가 한 발자국, 두 발자국, 점차적으로 무너져 가고 있는 것을 체험하고 있다. 과거로부터 내려오는 전통적인 길들은, 내가 너에게 이것에 대하여 이미 말한 바 있는, 오직 일정한 정도의 속도, 즉 인간의 육체와 짐승이 낼 수 있는 속도를 감당할 수 있을 뿐이다. 그런데 멜치Melzi 빌라를 좌측으로 돌아 아름답게 나 있는 길을 내가 이미 앞에서 기술한 바와 같이 오토바이 한 대가 질주를 한다면, 그 순간에 인간이 자연과의 조화 속에서 이루어 놓은 훌륭한 이 모든 관계들이 파괴되고 만다. 그 빠른 속력, 소음, 매연 등이 이 조화를 깨트려 놓는 것이다. 이러한 야만적인 존재가 지나가고 나면 사람들은 다시 호흡을 가다듬게 되고, 방금 오토바이가 지나간 이 길들, 주변의 상태 그리고 도시들과 도로들, 대지의 모습 자체가 오토바이가 원하는 형태로 변화되어 갈 것이라는 것을 정확하게 알게 된다. 베네치아의 운하들도 똑같이 이러한 변화의 과정을 겪고 있다. 곤돌라들은 아무런 소음 없이 운하 사이들을 오고가고 했었는데, 이들은 일정한 크기와 속도를 지니고 있었고, 이 도시의 기초들과 건물들은 이것에 맞추어 건설되었다. 이제 기름 엔진을 장착한 보트들이 굉음을 울리며 매연과 함께 달리고 있다. 이들의 모양은 우아하지만, 이곳의 저택들이 지어지던 때의 기본 감각과는 매우 다른 감각에 의해 만들어지고 있다. 이들의 속력은 이 도시의 내적 조화를 깨트리고 있다. 이러한 속력과 굉음 그리고 매연을 이 도시의 건물들이 잘 소화해 내지 못하는 것은 하나의 깊은 상징적인 의미를 제시하고 있는 것이다. 현대의 기술은 이 도시를 보존해 나갈는지도 모르지만, 사실에 있어서는 이 모터보트가 이 도시를 파괴하고 있고, 남는 것은 박물관에 진열되어야 하는 유적만인 것이다.

이러한 진행 과정은 다른 모든 것에도 적용되고 있다. 우리들 삶의 속도와 시간 사용 방법, 우리가 일을 해 나가는 방식, 우리의 사회 형태, 국가적 그리고 정치적 사건들의 구조, 우리가 학문적인 일들을 추진해 나가는 데에 사용하는 도구 등, 모든 것들이 전통적인 삶의 방식들을 거스르고 낯설다. 이들이 점차 자리잡아 나가게 되면 전통적인 것들은 모두 파괴되고 만다. 그래서 전통적으로 전해 내려오는 형태들, 일들 그리고 질서들은 우리 시대에 있어서 낯선 존재이다. 언어, 사회적 구조, 건물들, 도구들, 윤리 등은 우리들에게 있어서 과거로부터 전해지는 하나의 소중한 유산과 같은 것으로서 우리가 해야 하는 일은 이것을 마치 고대 유물을 다루듯이 조심스럽게 다루어야 하는 것이다. 이러한 자세에서 이들은 이제 더 이상 우리의 삶 속에 생생히 살아 있는 것이 되지 못하는 것으로 전락하게 된다.

우리의 시대는 다르다. 그 차이의 정도程度는 르네상스가 중세에 비하여 다른 정도에 지나는 것이 아니다. 그 차이는 다른 것과 비교를 할 수 없을 정도로 심각한 것이다. 나에게 있어서 이러한 차이를 낳은 시대의 분수령은 1830년에서 1870년 사이로 생각된다. 그 이전의 것은 차이가 매우 큰 것이라 하더라도 어떤 형태로든 상호 관련 속에 놓여 있었다. 이전의 것은 오직 하나인 인간적인 기본 자세에 바탕을 두고 있었고, 인간이 가진 한계성에 매여 있었으며, 이러한 한계성을 지켜 나가는 자연과의 조화 속에 있었다. 그 이후에 생겨나는 것은 근본적으로 다른 태도에 의해서 규정되고 있다. 자신의 영광을 구하고자 하는 목적을 지닌 의지에 의해서, 육체적 기관들의 한계와는 상관없이 자의적으로 설정한 어떤 목적을 성취해 내고자 하는 이성적이며 기계적인 의지에 순종하게끔 만든 힘들에 의해서 만들어지고 있다.

아홉 번째 편지

사랑하는 친구!

오랫동안 편지를 보내지 못했구나! 사실 나는 너에게 그동안 서너 통의 편지를 더 써 보내고 싶었는데, 그 원의는 머릿속에서만 맴돌았을 뿐 실제로 펜을 들고 써 나가지는 못했어.

나는 지금 독일에 있고, 내가 여기서 우리가 직면한 문제들에 대해 생각하고서 이 편지를 쓰는 것은 그 나름대로 의미가 있다. 코모 호숫가에서 너에게 처음으로 편지를 보낸 이후로 거의 2년의 세월이 흘렀다. 내가 이미 상당히 오래 전부터 감지해 오던 문제들이 그 당시 나에게 마치 손에 잡힐 듯이 직접적으로 다가왔단다. 삶에서 직접적으로 발생되어 나온 문제들에 대해 전문가가 될 수 있는 범위의 최대치수에 이르기까지 나는 마치 이 문제에 대한 전문가가 된 듯이 느꼈던 것이지. 좀 더 올바르게 말한다면, 나는 이 문제에 대해서 올바르게 진단할 수 있는 위치를 확보했던 것이다. 그리고 이 문제에 대한 응답은 순전히 정형定型적 서술이 아니라 구체적인 실천이다. 실천에서 한걸음 더 나아가 하나의 성취가 되어야 한다. 그리고 나 스스로 이 성취에 밀접히 결합되어 있다는 사실을 알고 있다. 나는 판정Entscheidung이 무엇을 의미하는 것인지 경험했다. 그리고 새로 발생하여 영향을 주고 있는 것에 대해서도 알고 있다.

이러한 것들에 대한 서술을 나는 시도했었고, 두 통의 편지들이 완성되어 놓여 있다. 그러나 내가 이 편지들을 다시 한번 더 검토해 보았을 때, 아직도 부족한 부분이 많아 그대로 놓아두고 말았다. 문제 전체를 종합하는 것, 판정을 제시하는 것, 응답이 핵심에서부터 나오도록 하여 생생한 실천과 연결되도록 하는 것 등을 나는 제대로 제시하지 못했던 것이다. 그래서 나는 이제 내가 어디에서 방향들을 보고 있으며, 어떤 일이 일어나야 한다고 믿고 있는가에 대해서 간단히 서술하는 것을 시도해 볼 예정이다.

매우 긴급한 문제는 발생되고 있는 이 모든 것 안에서 인간 존재와 인간이 만들어 놓은 작품들에 의한 삶이 가능하겠는가 하는 것이다. 과거의 세계가 가라앉고 있다. 여기에서 말하는 세계라는 단어는 이루어 놓은 작품들, 정돈해 놓은 것들, 질서들 그리고 실제로 살아가는 자세들 등을 내포하는 넓은 의미를 지닌 것을 말하는 것이다. 지난 세기의 중엽이 역사적 전환점을 이루고 있다. 물론 이러한 현상의 뿌리는 훨씬 이전으로 거슬러 올라간다. 과거의 세계에서는 다양하고도 커다란 차이들이 존재했음에도 불구하고 하나의 일정한 인간상Menschenbild이 존재하고 있었다. 이 세계는 이 인간에 의해 유지되었고, 또한 그 인간을 유지해 나갔다. 인간이 이 세계를 만들었고 또한 이 세계를 살아 나갔다. 그는 이 세계를 자신의 손안에 생생히 쥐고 있었다. 이 세계는 인간에게 있어서 작품이요, 표현이며, 대상이요 동시에 도구였다. 그것이 바로 문화였다. 그리고 우리가 오늘날 실질적인 문화적 요소로 소유하고 있는 것은 모두 이것으로부터 유래한다.

그런데 새로운 현상이 개입해 들어온 것이다. 이것은 그 근본 종류가 다른 것이며, 다른 척도에 의한 것이고, 다른 종류의 출발점으로부터 발생되어 나와서 다른 종류의 목적을 향해 나아가고 있는 것이다. 이 현상을 지고 나가는 힘들 역시 다른 것이며, 자연에 대한 관계도 다르다. 이러한 새로운 현상에 의해 전통적으로 내려오던 질서가 무너지고 있는 것이다. 전통적인 질서의 세계에 속하는 인간은 - 우리 모두는 많거나 적거나 간에 어느 정도는 우리 몸안에 이 전통을 지니고 있다 - 이제 고향을 잃은 존재가 되어 가고 있다. 그는 그의 내부에서도 자신을 점점 상실해 가고 있다. 그 이유는 전통의 세계가 그에 의한 것이고, 그 역시 전통의 세계에 의한 존재이기 때문이다. 새로운 현상은 객관적으로 존재하는 문화와 관련한 존재로서 그 객관적인 질서의 세계에만 침입한 것이 아니라, 생생히 살아 있는 사람에게도, 무엇보다 먼저 사람에게 침입해 온 것이다. 기술이 발생한 것은 무엇보다 먼저 인간 내부에서 일어난 사건들 중의 하나이다. 그래서 우리는 현재 고향을 잃은 나그네 신세, 야만적인 상태에 놓여 있는 것이다. 우리가 "전통적인 입장"에서 관찰해 볼 때 이 새로운 현상은 이러한 태도로 우리에게 다가와 있는데, 그 이유는 전통적인 입장에서는 자신의 주변 세계가 무너져 내리고 있고, 자신 스스로도 그렇게 되고 있는 것이기 때문이다. 그리고 우리가 새로운 현상의 입장에서 관찰한다면 외적, 내적으로 모든 것이 아직 무질서Chaos 상태이다.

전통적으로 내려오는 인간상에서 이러한 새로운 현상에 알맞은 인간상을 유도해 낼 수 있느냐는 질문에 대한 대답은 분명히 "아니오"이어야 한다. 전통적인 문화에 의한 인간에게는 이러한 새로운 현상에 대처해 나갈 가능성이 주어져 있지 않은 것이다. 우리는 이제 이러한 새로운 현상의 진행이 천천히 진행되게끔 할 수 있을지라도 그것을 완전히 막을 수는 없게 되었다.

이러한 생각을 좀 더 깊이 진행해 나가보자. 오늘날 우리가 파괴로 느끼는 것은 바로 전통적인 세계관과 인간관에 하나의 새롭고 다른 종류의 존재와 발생 현상이 개입해 들어오고 있기 때문이다. 이러한 새로운 것은 그것에 속하지 않는 인간에게 개입하고 있는 것이기에 그것은 파괴적으로 작용하고 있다. 좀 더 정확히 말하자면, 이러한 새로운 것에 속하는 인간이 아직 존재하지 않기 때문에 그것은 무질서하고 파괴적으로 작용하고 있는 것이다. 새로운 것에 대해 인간들이 아직 준비되어 있지 않기 때문에 그것은 파괴적으로 작용하고 있다. 이것은 아직 조절되지 않은 열려진 힘들이며, 아직도 채취되지도 않았고, 인간이 어떤 목적을 가지고 작업하지 않은 원재료이다. 이러한 원재료와 힘들을 모으고 조절하여 "세계", "문화"라는 것을 형성해 낼 수 있는 능력을 전통적인 세계에 속하는 인간은 지니고 있지 못한 것이다. 전통적인 인간이 이러한 일을 해내기에는 이 일에 필요한 생각과 힘 그리고 척도들이 결핍되어 있는 것이다. 전통적인 세계는 생생히 살아 있는 문화를 위한 투쟁에서 패배했으며, 우리는 이 세계가 탈출구를 잃고 주저앉아 있음을 느끼고 있다. 투쟁은 오직 하나의 새로운 영역에서만 가능하다. 발생되고 있는 모든 종류의 기술들, 고삐 풀린 힘들은 이 새로운 세계에 속하는 하나의 새로운 인간적 자세에 의해서만 조절될 수 있는 것이다. 인간은 이제 하나의 새로운 정신과 자유를 형성해내야 한다. 그런데 이러한 새로운 정신과 자유는 새롭게 발생되고 있는 현상에 대해서 그 형태나 종류 그리고 내적 방향 전체가 닮아야 한다. 이 새로운 정신은 자신의 생생한 출발점, 지렛대의 받침점을 이러한 새로운 현상이 발생한 지점에서 가져야 한다.

이러한 현상들은 그대로 머물고 있는 기본 바탕 Grundlage 위에서 일어나는 변화에 지나지 않는 것일까? 아니면 이러한 현상들 안에서 하나의 역사적으로 새로운 사실이 일어나고 있는 것일까?

나는 이러한 현상들 안에서 역사적으로 하나의 새로운 사실이 일어나고 있음을 확신하고 있다. 그렇다면, 우리는 이 새로운 사실을 인정하고 여기에 대처해 나가야 한다. 물론 이러한 것에는 상당한 노력이 요구된다는 사실을 나는 알고 있다. 이미 이러한 사실 속에 소박하게 서 있는 사람들이나 상당히 빠른 변화에 적응해 나갈 수 있는 사람들은 이러한 사실에 대처해 나가기 위한 생각을 해 나갈 것이다. 과거를 되돌아보면서, 낭만적인 회상을 하면서 과거와의 연결 속에 있는 이 편지들에서도 이러한 것에 대하여 이미 고찰해 나가고 있음을 우리는 알고 있다. 이러한 작업은 이들이 스스로 느끼는 것에 맡겨둘 수도 있을 것이다. 역사적 현상에 대하여 긍정적으로 "예"라고 대답하는 것이 벌써 역사적으로 하나의 새로운 사실이 발생하고 있다는 사실을 아는 마음이 행하는 것이므로 하나의 결단이다. 그것은 그 자체로 자신의 무게를 가지고 있다. 우리의 자리는 되어 가는 것에 있다. 우리 각자는 자신의 자리에 자신을 두어야 한다. 우리는 새로운 것에 반대하여 버텨서도 안되며, 사라져 가야 할 과거의 아름다운 세계를 고수하는 일에 연연해서도 안되는 일이다. 또한 바깥으로 나와서 어떤 환상적인 생각을 가지고 자신의 힘을 동원하여 새롭게 발생되고 있는 것이 가져다줄 수도 있는 해로움의 영향을 전혀 입지 않을 수 있는 하나의 새로운 어떤 것을 만들어 내고자 해서도 안될 것이다. 우리는 새롭게 발생되어 나오고 있는 것이 올바른 방향으로 진행되도록 영향을 주는 일을 우리가 행해야 할 과제로 가지고 있다. 이러한 작업은 우리가 일어나고 있는 새로운 사실에 진지하게 다가갈 때만 가능한 일이고, 동시에 이 안에 존재하는 비인간적이고 파괴적인 모든 것에 대하여 순수한 마음으로 깊이 느끼고 있을 때 가능한 것이다. 우리의 시대는 우리에게 우리가 그 위에 서 있는 삶의 장으로 주어져 있으며, 또한 우리가 해결해 나가야 할 하나의 과제로 주어져 있다.

사실 우리의 내면 깊숙한 곳에서는 우리의 시대를 다르게 만들어 나가고 싶어하지 않고 있다. 우리가 그 안에서 달려가고 있는 우리의 시대는 외적인 어떤 것이 아닌 것이다. 우리의 시대란 바로 우리 자신이다! 우리의 피와 우리의 영혼, 이것이 바로 우리의 시대인 것이다. 우리는 우리 자신을 스스로 사랑하기도 하고, 미워하기도 하면서 대하는 것과 마찬가지로 우리의 시대를 대하고 있다. 그리고 우리가 자신의 모습대로 우리의 시대에 대해서도 그렇게 서 있다. 우리가 우리 자신에 대하여 주저하지 않고 거침없이 서 있다면, 우리의 시대에 대하여도 그렇게 거침없이 서 있는 것이다. 우리가 우리 스스로에 대하여 긍정적으로 결단하여야 한다면, 우리의 시대에 대하여도 "예"라고 결단하면서 다가가야 한다.

우리는 우리의 결단, 엄청난 힘과 책임의식에 대한 의

지를 사랑하고 있다. 우리는 우리의 결단이 용기를 내어 외부 상황에 대처해 나가는 단호함을 사랑한다. 우리의 영혼은 발생되고 있는 거대한 현상에 대하여 감지하고 있다. 우리는 새로 발생되어 나오는 것에 상당한 의문점을 가지고 있다는 것을 느끼고 있고, 전통적인 문화가 가진 소중한 가치를 분명하게 알고 있지만 새롭게 발생하고 있는 것에도 흥미를 가지고 대하게 된다. 여기서 일어나고 있는 현상이 어떤 것인가에 대하여 분명하게 보고 있는 사람은 말로 다 표현할 수 없을 정도로 소중한 전통적인 문화 유산을 분명하게 포기할 수 있어야 한다.

그리고 새롭게 발생되어 나오는 것이 그리스도교에 대해 적대적이라는 견해는 옳은 것이 아니다. 새로운 현상 안에 그리스도교에 대하여 적대적인 요소가 존재하여 자주 그 효력을 발휘한다고 하더라도 이 현상 자체가 반그리스도교적인 것은 아닌 것이다. 학문, 기술 그리고 이러한 것에서 발생되어 나오는 모든 것들은 그리스도교에 의해 가능하게 된 것이다. 하느님에 의한 구원과 다시 태어남에 대한 의식을 가진 사람만이 이 세상에 존재하는 일반 사람과 다른 의식을 가지고 있어서 자연과의 직접적인 관계에서 조금 벗어나서 자연을 객관적으로 볼 수 있는 능력을 가질 수 있는 것이다. 기술 문명의 시대를 살아가고 있는 사람이 행하고 있는 것이 바로 이러한 자세이다. 고대인은 이러한 자세를 건방진 태도로 생각하여 감히 시도하지를 않았을 것이다. 하느님과의 관계에 커다란 의미를 두고 있는 사람에게 이르러 비로소 이러한 자세는 가능하게 되었고, 밭에 묻혀 있는 보물과 진귀한 진주에 대한 비유를 아는 사람, 자신의 삶을 내주어야 영원한 삶을 얻을 수 있다는 가르침에 대해서 깊이 생각해 본 사람만이 이러한 자세를 가질 수 있는 능력을 갖추게 되었다. 새롭게 발생되어 나온 학문과 기술에 의해 변화된 세계가 인간 존재를 위험 속으로 몰아가게 되었을 때 이것을 바로잡을 수 있는 존재도 이러한 부류의 사람이다. 영원한 삶에 대한 그리스도교적 믿음에 의해 자신이 결코 파괴될 수 없는 존재라는 것을 보장받은 사람이 이러한 일을 진행해 나갈 수 있는 것이다.

우리는 새롭게 일어나고 있는 현상을 조절해 나가야 하고 그렇게 조절해 나갈 수 있는 정당한 권리를 가지고 있다. 우리는 고삐 풀린 힘들의 주인이 되어야 하고, 이들을 인간의 생존을 염두에 둔 새로운 질서로 정돈해 나가야 한다. 이러한 일은 기술 문명 스스로가 해낼 수 있는 것이 아니고, 오직 생생히 살아 있는 사람에 의해 가능할 뿐이다. 여기에서 수행해 나가야 하는 과제들은 기술적,

학문적, 정치적인 일들이지만 이들은 오직 사람들에 의해 해결이 가능한 것이다. 깊은 정신력, 새로운 내면의 세계와 자유, 새로운 사고와 변화를 위한 추진력을 지닌 하나의 새로운 인간 세대가 생겨나야 한다. 새롭게 일어나고 있는 현상을 자신의 존재와 행위 안에 이미 지니고 있는 그런 존재가 생겨나야 하는 것이다. 축적된 지식의 양이 엄청나고, 학문적 그리고 정치적 도구가 대단히 크고, 기술의 힘이 대단하다고 하더라도 이들은 아직도 원재료 Rohmaterial에 지나지 않는 것이다. 우리가 여기서 필요로 하는 것은 좀 더 적은 양의 기술이 아니라 오히려 더 많은 기술이다. 좀 더 정확히 말하자면, 좀 더 강하고, 좀 더 신중하고, 좀 더 "인간적인" 기술을 필요로 하고 있다. 좀 더 많은 학문, 그러나 좀 더 정신적이고, 좀 더 다듬어진 학문을 필요로 하고 있다. 경제적, 정치적인 차원에서도 좀 더 많은 에너지를 필요로 하고 있으나, 좀 더 성숙되고 책임의식을 가지고 있어서 개개인을 그가 속하는 전체와의 연관성 안에서 볼 수 있는 그런 경제적 에너지, 정치적 에너지를 필요로 하고 있는 것이다. 이 모든 것은 생생히 살아 있는 인간이 자신의 고유한 법칙을 가진 자연의 영역에서 올바르게 존재할 때만이 가능한 것이다. 인간이 이 모든 것을 자신과 관련시켜 나가서 "세상"을 다시 건설해 나갈 때 가능한 것이다.

우리는 현존하는 각종 힘들Kräfte과 재료들로 구성된 엄청난 양의 원자원으로부터 새로운 "세계"를 만들어 나가야 하는 과제를 지니고 있다. 먼 옛날, 한때 인간은 모든 측면으로부터 위협하는 자연을 거슬러 자신의 생존을 보호해 나가야 하는 첫번째 과제 앞에 놓인 적이 있었다. 이 당시의 자연은 아직 인간에 의해 다듬어진 상태가 아니어서 인간에게는 무질서했던 것이다. 그래서 "땅을 경작하고, 다스려라"는 계명이 채워져 나가기 시작했었다. 무질서의 세계는 - 인간의 측면에서 바라볼 때 무질서였다 - 인간의 세계로 재구성되었다. 이러한 일이 생겨나자마자, 인간이 세계를 자신의 것으로 소유하자마자 그는 그가 구성한 세계가 아직 길들이지 못한 새로운 힘들을 자신의 이러한 고유한 행동에 의해 배출해 놓았다. 이 힘들이 차츰 성장하여 이제 하나의 새로운 무질서Chaos가 되었다. 우리는 나선형으로 돌아가는 역사의 흐름에서 초기의 사람들이 그들의 첫 번째 과제였던 "세계"를 만들기 시작하던 그 지점에 서 있는 것이다. 우리는 이제 우리 스스로가 만들어 놓은 무질서에 의해 양 사방으로부터 위협받고 있다.

무엇보다 먼저 첫 번째로 취해야 할 태도는 우리의 시

대에 대하여 긍정적으로 다가가는 것이다. 옛것으로 돌아가거나 뒤로 돌아가거나 바깥으로 나가는 자세로는, 그리고 또한 단순히 바꾸기만 하거나 변화시키는 것만으로는 현대가 안고 있는 문제를 풀어 나갈 수 없다. 오직 깊이 있는 사고와 행동에 의해 해결의 실마리를 찾아 나갈 수 있는 것이다.

적절한 방법을 내적으로 느낄 수 있도록 깨어서 인식해 나가는 것이 가능해야 한다. 이러한 작업에 외적인 제한이 먼저 가해져서는 곤란한 일이다. 그리고 동시에 내적인 안식을 느낄 수 있는 하나의 새로운 길도 찾아내야 한다. 의심이 팽배한 속에 믿음이 가능한 길, 자의식 속에 하나의 새로운 순수함을 유지해 나갈 수 있는 길, 앎에 대해서 경외심으로 다가갈 수 있는 길을 찾아내야 한다.

환상은 벗어버리고, 우리의 현존이 가진 제한성은 있는 그대로 직관하는 것이 가능해야 한다. 동시에 정신으로부터 발생되어 나오는 하나의 새로운 영원성을 찾아내야 한다.

자연을 지배하는 것을 알맞은 한도 내에서 행하는 것이 가능해야 한다. 동시에 영적인 활동에 있어서는 하나의 새로운 자유의 공간을 확보해야 한다. 이러한 것을 통해서 삶에 확고부동하고 착오 없는 안전성이 주어지는 것이다. 언제든지 자의적인 파괴 행위를 행할 능력을 가진 자연 힘들로부터 오는 위험들을 방지할 수 있는 하나의 새로운 인식과 질서를 형성해야 한다. 소수가 지배하는 귀족주의는 없어져야 하며, 일반 대중의 구성원인 모든 사람이 자신의 삶과 일용품에 대한 권리를 가질 수 있어야 한다. 동시에 이들은 가치와 인간적인 존재에 따라 하나의 새로운 위계질서를 스스로 형성해 나가야 한다.

기술 문명의 걸어가는 길이 의미 있는 목표를 향해 나아가도록 하는 일이 가능해야 하고, 비록 과거의 유적인 질서가 무너지는 일이 있더라도 기술 문명의 힘들이 자신의 활력을 펼쳐 나가는 것이 가능해야 한다. 그러나 동시에 이러한 문명을 다스릴 수 있게 성장한 인류에 의해 하나의 새로운 질서, 하나의 새로운 우주가 형성되는 것이 가능해야 한다.

이러한 모든 것들이 가능해야 한다. 그러나 이러한 것이 참으로 가능할까? 우리가 서 있는 이러한 인간적 차원에서는 불가능한 일이다. 그러므로 어디에나 깊은 실의가 감돌고 있다. 낡은 세대의 사람들은 책임의식을 지니고 걱정을 하면서 열심히 움직여 보지만 무능력만 느끼고 있다. 새롭게 등장한 고삐 풀린 힘들은 오직 하나의 새로운 지평에서만 다스려질 수 있는 것이고, 하나의 새로운 관점에서, 하나의 새로운 세계관에서만 다스려질 수 있는 것이다. 그러나 이러한 모든 것은 조직들과 이념들에 의해 발생되는 것이 아니라, 오직 사람에 의해서 발생되는 것이다. 여기서 다루어지는 것의 핵심은 이러한 힘들을 다스릴 수 있는 하나의 새롭고, 자유롭고, 강하고, 다듬어진 인성人性, Menschlichkeit 이다.

그러나 이와 같은 것을 희망하는 것은 하나의 환상이 아닐까? 우리가 이와 같은 하나의 "새로운 인류"가 발생되어 나오는 것을 현명한 방법으로 계산해 낼 수 있을까? 아니면 이러한 것은 우리를 안도시키는 하나의 위로의 말에 지나지 않는 것일까?

지나간 과거의 역사를 되돌아보면, 그리스도교가 유럽의 역사 안에 들어왔을 때 이것은 완전히 새로운 전환이었다. 고대의 세계가 전혀 알지 못했던 새로운 세계를 불러일으켰던 것이다. 세상에 대한 하나의 새로운 관점을 가져다주었으며, 자신과 사물들에 대한 새로운 관점, 하나의 새로운 힘, 새로운 질서, 새로운 정신을 가져다주었다.

우라늄의 원자가 핵분열을 일으킬 때 이전에 아무도 생각하지 못했던 엄청난 양의 에너지를 쏟아 놓는 것과 같은 현상을 새로운 인류의 내면으로부터 생겨나는 새로운 세계를 가질 수 있는 것이다. 이러한 것에 의해 세상에 대해 하나의 새로운 자유, 깊은 의미점과 관계점을 가질 수 있는 것이다. 이러한 관점으로부터 과거의 세계관이 극복해 내지 못한 현상에 대해 고찰하고 파악해 볼 수 있는 것이다. 이러한 것이 하나의 새로운 지평이 될 수 있는 것이다.

이러한 것이 발생되어 나올 것으로 나는 믿는다. 이것을 증명해 낼 수는 없지만, 이러한 현상의 조짐이 드러나려 하고 있다.

물론 이러한 것은 개별적인 결단들이나 조직들을 통해 만들어 낼 수 있는 것은 아니다. 이러한 것이 개별적인 사람, 한 사람 한 사람에 의해 수행되어져 나가는 것이긴 하지만 이것은 하나의 전체 역사적인 현상인 것이다. 이러한 것은 하나의 전체적인 현상이고, 그 출발점은 우리의 의사대로 움직일 수 있는 그런 것이 아니다.

아직도 더 할 말이 있는데, 그것은 이러한 것이 표상의 개념과 교육과 크게 관련이 된다는 점이다.

우리는 우리를 둘러싸고 있는 주변과 우리 스스로에 대하여 제대로 준비되어 있지 않음을 깊이 느끼고 있다. 계몽주의 시대 이후로 사람들은 교육에 대하여 많은 말들을 해 왔다. 이것은 교육 자체가 혼란에 빠져 있었음을 의미하는 하나의 표시이기도 한 것이다. 이러한 것에서 사람들이 교육으로 찾아낸 것은 실제에 있어서 교육의 풍자화에 지나지 않는 것이었다. 오늘날 교육이라는 단어가 의미하고 있는 것은 지식과 관련된 것들이다. 여기서 다루고 있는 지식이란 상당한 문제를 지니고 있기는 하지만 어떤 완전성에 대한 것, 성숙에 대한 것 그리고 단순한 지식에만 머물지 않고 취향, 판단 그리고 상상 등의 작용이 함께 개입된 복합적인 존재 등에 관한 것이다. 그러나 본질적으로는 항상 지식에 관한 것이 관심의 대상이었다. 우리의 교육 시설들은 모두 지식을 전달하기 위한 것이고, 이러한 교육 시설에서 각 종류의 다양한 지식들을 많이 섭취한 사람이 고등 교육을 받은 교양 있는 gebildet 사람이 되는 것이다.

이러한 모든 것은 참된 의미의 교육과 깊은 연계를 가지고 있는 것이 아니다. 본질적인 교육은 지식에 있는 것이 아니라 존재에 있다. "고등 교육을 받은 교양 있는"이란 말이 벌써 내적으로 성숙된 사람을 지칭하고 있다. 존재와 행위, 생각과 실천, 인격과 주변 환경 등이 내면의 세계로부터 규정되어 나오는 사람이 교육된 사람인 것이다. 이러한 것에서 그가 무엇을 행하든지, 그에게 어떤 일이 일어나든지 흔들리지 않고 다양한 상황들 속에서도 자신을 언제나 다시 찾아낼 수 있는 능력이 생겨나는 것이다. 계몽주의에 의한 근대 교육이 긍정적인 것이 못되는 것을 볼 때 인간에게는 내적 일치를 이룰 수 있는 완전한 교육은 허락되지 않는 것인지도 모를 일이다. 현재 우리가 살고 있는 이곳에 평화를 가져온 것은 그리스도교가 아니라 칼인 것을 보아도 교육의 참된 완성은 현세를 초월한 세상에서나 가능한 일인 것으로 여겨지기조차 한다. 그럼에도 불구하고 교육자가 참된 교육의 자세를 지녀서 질서를 가져오는 실천적인 원리를 가르치는 경우가 올 수도 있음을 생각해 본다. 우리 모두는 아직도 상당히 미성숙한 세대이다. 우리 안에 아직도 생생히 살아 있는 것이 있다면, 그것은 과거의 유산으로부터 전해져 온 것이다.

이러한 것은 한 개인이 의지력을 발휘하여 그가 세상에 대하여 올바로 파악하면서 교육된 사람이 되고자 하는 것과는 상관이 없는 것이다 그 누구도 세상과는 무관하게 완전히 개인적인 영역을 확보해 나갈 수는 없다. 한 개인의 삶의 영역도 주변 환경이 지닌 특성을 많이 닮아가게 되기 때문이다. 어떤 사람이 외부에 존재하는 실재적인 삶의 현장에서 벗어나서 그것과는 무관하게 자신을 형성하여, 스스로 형성해 놓은 자신에게만 고유한 모습과 삶의 리듬으로 외부에 존재하는 사회 조직 안으로, 인간관계와 언어의 질서에로, 문화적 요소들 안으로 하나의 이방인으로서 그리고 때로는 이러한 것에 부딪히는 존재로서 다가간다면 그는 결코 교육된 존재가 아닌 것이다. 그 누구도 혼자서 자기 자신만을 위해서 살아갈 수는 없다. 한 개인은 그의 삶을 살아가는 것이지만 그는 동시에 전체 사회의 일원으로서 그 사회 안에서 살아가는 것이다.

유럽의 역사 안에서 전체를 포괄하는 세계관을 공동으로 가졌던 때가 두 번 있는데 그것은 바로 고대와 중세의 세계관이었다. 14세기 이래로 중세의 세계관이 서서히 무너지기 시작하여 그 뒤를 이어 르네상스, 바로크 등이 생겨났다. 이들에게 있어서 강조점은 개체에게 있었다. 발전과 일은 개개인을 지향하고 있었고, 또한 추상적인 것을 지향했다. 각 개체가 근대의 의미를 파악해 낼 수 있는 능력을 유지해 나가기 위해서 현실적으로 중요한 교육을 희생해 나가야 했다. 현재 하나의 새로운 세계관이 발생되어 나오고 있는 것이 확실하다고 나는 믿고 있다. 이 새로운 세계관은 고대의 세계관과 다르며, 중세의 것과도 다른 것이다. 그리고 특히 인본주의, 고전주의 그리고 낭만주의와는 근본적으로 다른 것이다. 이것은 우리가 지금까지 언급해 온 것과 보조를 함께하는 그러한 세계관이다. 새롭게 발생되어 나오기를 우리가 희망하고 있는 그러한 인간의 깊은 곳에 일치해 들어가는 것이다. 새롭게 발생되어 나오는 문제들을 거슬러 투쟁해 나가는 새로운 지평에 일치해 들어가는 그런 것이다. 이 세계관은 이러한 투쟁에서 승리를 거두어 갈 것이다. 이러한 세계관의 심층에서 하나의 새로운 시대가 열려 나올 것이다.

우리는 이러한 세계관의 징후를 이미 보고 있다. 그 징후가 가장 두드러지게 나타나는 곳은 바로 건축물들에서이다. 이러한 것이 아직은 불확실하고, 다루기 힘들고, 때로는 불편하기도 하지만 곳곳에서 이미 영향을 미치고 있다.

젊은이의 운동Jugendbewegung[3]에 대하여 남녀노소의 수많은 비평가들이 듣기 싫을 정도로 많은 비판을 가했었다. 그럼에도 불구하고 이 운동은 청소년들을 대상으로 하는 참된 운동 중의 하나에 속해 있으며, 역사 안에서 요청되어 일어나고 있는 새로운 세계관으로 사람들을 불러

---

3 역주 : 과르디니가 금세기 20년대부터 이끌면서 독일 전역의 젊은이들로부터 많은 호응을 받았던 일종의 학생운동. 그 후 이 운동은 히틀러의 탄압으로 중단되었다가 2차 세계대전 이후 다시 소생하여 오늘날까지 존속하고 있다. 이 편지글들의 직접적인 수신인들은 바로 이 운동에 함께하고 있던 독일의 젊은이들이었다.

일으키고 있다. 앞으로 나아갈 길을 몰라서 갈피를 못 잡고 있는 사람들과 슬픔의 나락에 빠져 있는 사람들에게 올바른 삶의 방향을 제시하여 생생히 살아가도록 하고 있다. 이러한 자세와 세계관에 의해 내면의 세계에서 제시되고 있는 새로운 문화의 길, 즉 직접적인 자연에 대한 새로운 인식과 자의식, 전체적 조망과 다스림 그리고 기술의 적용 등 자연에 대한 새로운 길을 끝까지 수행해 나가는 것이 가능하게 되었다. 그러나 이 모든 것은 인간이 어떻게 해 나가느냐에 달려 있기에, 결국은 참된 인간 실존이 가능하게 하는 하나의 새로운 세계를 만들어 가는 것이 관건인 것이다. 그리고 이러한 일은 가능할 것으로 나는 믿고 있다.

나는 건축과 도시 건설 등에 있어서 기술 문명적 형상이 현실적 형태로 실현되어 가고 있는 것을 보고 있다. 이러한 형태는 외부에서 들어온 것이 아니라 기술 문명적 형상 자체로부터 생겨난 것이다. 정확하게 구성된 기계나 어떤 설정된 목적에 완전히 일치하게 지어진 집 자체가 벌써 하나의 문화적인 구조물이라는 견해가 생겨날 수도 있고, 이것이 또한 올바르고 자명하다 할지라도 단순히 기술적인 정확성만으로는 아직 "문화적인 형태"라고 말할 수는 없는 것이다. 기술 문명적 형상에서 실제로는 좀 더 큰 것이 생겨나고 있는데, 바로 그것의 기술적 도구는 우리가 일상생활에서 실질적으로 살아가고 있는 것을 지향하고 있다는 사실이다. 우리가 이러한 사실에 좀 더 관심을 가지고 눈을 떠본다면, 기술에 의해 장식되었을 뿐만 아니라 실제적으로 형성되고 표현되어진 형태가 어디에나 이미 존재하고 있음을 보게 된다. 최근에 나는 앞으로 형성될 미래의 도시 계획안을 본 일이 있는데, 이것은 나에게 깊은 인상을 심어 주었다. 이 계획안의 전체적 형태는 기술적 계산에 의한 투명도透明度, Durchsichtigkeit를 지니고 있었는데, 그것은 너무나도 건조하고 엄청난 모습이어서 이것은 우리에게 마치 멤피스Memphis, 테베Thebe, 니네베Ninive 그리고 바빌론Babylon이 당시의 시대에 보여주었을 그런 인상으로 보여졌다. 도시 계획안을 우리에게 보여준 안내인은 다음과 같이 말했다 : "이 도시는 자동차와 비행기 그리고 전 세계를 연결하는 대중매체를 염두에 둔 것입니다." 기술 문명이 가져오는 첨단 효과들은 이제 앞에 있는 문화적 요소를 파괴하는 존재가 아니라, 새로운 시대의 전제조건이며 자신의 세계를 펼쳐 나갈 자유로운 장을 이미 어디에나 가지고 있다.

나는 예술작품들을 보게 되는데, 이들에게는 근대주의가 자연과의 관계에서 가졌던 예리한 관찰력이 결여되어 있다. 이들은 인간의 기관들로부터 유래하는 유기적인 태도를 잃어버리고 있다. 이러한 입장에서 이 새로운 예술 작품들은 주변 환경을 지니지 않고 매우 강하게 다가오는 것으로 보인다. 그러나 여기에서 새로운 원천에서 발생되어 나오는 하나의 다른 형태가 작용하고 있고, 이것이 지닌 힘에 대해서 우리의 내면 세계가 응답을 던지고 있다. 나는 오늘날 실재적인 삶을 살아가고 있는 현대인들 속에서 동화적 세계관이 그들의 지성적 삶 전반에 걸쳐 작용하고 있는 것을 보고 있다! 그러나 이러한 것이 근대적 삶 안에서 표상되던 한밤중의 도깨비와 같은 것은 아니다. 이 새로운 동화는 기계적 세계관 자체 안에서 나오고 있고, 우리가 살아가고 있는 현실은 대낮에 하나의 다른 세계로 넘어가는 변화를 체험하고 있는데, 이 다른 세계 역시 또 하나의 "동화"이다.

나는 학문적인 문제들에 대하여 매우 회의적인 태도를 취하면서, 동시에 그의 영혼 안에는 환상의 세계에서 벗어나 자유방임적 그리고 지성주의적 천박함에 물들지 않고 참으로 초자연적인 차원에서 오는 하나의 믿음을 지니고 있는 사람들에 대해서 알고 있다. - 뉴먼Newman의 위대함은 그가 이러저러한 어떤 것을 말한 것에 있지 않고, 그가 그의 영혼 안에 이러한 태도를 실현시켜 나간 것에 있다! - 이러한 믿음은 점점 더 커지고 강하게 될 것이며, 그래서 이 믿음은 자신의 분명한 냉철함 안에 초기 그리스도교 안에서 그리고 중세 안에서 자신을 언제나 동등함이 올바른 것으로 만들어 주던 하나의 내적 열정을 숨겨 두고 있게 될 것이다.

나는 피상적이고 지성주의적인 노력들에 반대하여 생생히 살아 있는 교육에 대한 열망이 도처에서 일어나고 있는 것을 보고 있다. 이러한 것에서 새롭고 깊이가 있는 질서와 새싹이 형성되고 있다. 참된 것, 생동적인 것 그리고 본질적인 것이 깨어나고 있고, 아직까지 개별적으로는 많은 문제들을 안고 있기는 하지만 새로운 교육에 대한 의지가 이미 존재하고 있다. 이러한 정신에 입각하여 서 있는 사람들은 각자 여러 가지 다양성들을 지니고 있음에도 불구하고 상호 인식하고 있다.

나는 이곳저곳에서 소박한 형제애를 가진 새로운 능력의 사람들이 등장하고 있음을 기쁜 마음으로 보고 있다. 이러한 형제애는 과거의 조직적이고 위계적인 형태도 아니고, 지난 50년 동안에 있었던 그런 종류의 조직도 아니다. 이것은 한 사람이 다른 사람 옆에 동등하게 등장하는 것이고, 그와 함께 공동 보조를 지극히 당연하게 맞추어 나가는 것이다. 이것은 또한 과거의 자유주의적 태도와 냉소주의적인 태도와도 다른 것이다. 이것은 서로 동등하게 존재하는 것이지만 그 속에는 잘 절제되고 훈련된 자세가 포함되어 있는 것이고, 본질적으로 깊이 결합되어 있는 것이다. 그것은 좀 더 깊고, 좀 더 높은 위계의 가능성들과 질서의 가능성들을 지닌 역동적인 싹이며, 자유의 가능성을 지닌 것이며, 동시에 다른 사람이 수행해 나가는 책임성과 신뢰 안에서 보금자리의 가능성을 지닌 그러한 싹이다.

나는 좀 더 진지하고 깊어지는 현상이 진행되고 있는 것을 느끼고 있다. 오늘날의 사람은 더이상 지난 세기의 사람들이 그 속에 존재했었던 것과 같은 그러한 물리적, 심리적인 영역에 놓여 있지 않다. 내면의 세계를 추구하는 경향이 오늘날의 사람들에게 좀 더 강하게 등장하고 있다. 내적인 세계, 고요의 세계를 향한 그리움이 현대인 안에 존재하고 있고, 현대인은 바쁘고 조급히 서두르는 삶에서 벗어나 자신을 모으는 삶을 살아가고자 하고 있다. 그러나 자신을 모으는 것이 현재의 일상적인 삶 안에 들어 있는 것과 행위들을 부정하는 것이 아니라 그 속에서 행하는 것이다. 우리는 우리의 오늘날과 같은 일상 생활 안에서 내면적인 존재, 모아진 존재가 될 수 있는 가능성을 감지하고 있다. 나는 우리가 기술과 경제 그리고 정치 자체가 자신들에게 주어진 과제들을 풀어 나가기 위해서 고요와 마음을 모으는 것을 필요로 하고 있음을 알아차리고 있다고 믿고 있다. 이 세상에 서 있는 사람은 스스로를 파악하고, 그 자신보다 좀 더 깊은 차원의 것에 도달하여 그곳으로부터 이 세상을 다시 파악하기 위해 예술을 필요로 하고 있다. 오늘날의 우리 시대가 불확실하고, 회의적이고 그래서 무엇인가를 찾아 헤매고 다녀서 고향을 잃은 상태라고 하더라도 하느님 앞에서 직접적으로 서 있는 사람들의 수가 적지 않음을 나는 믿고 있다. 하나의 물결이 그의 앞으로 밀려오고 있으며, 우리의 깊은 곳에 존재하는 한계선에서 물결치고 있고, 그 뒤를 이어 또 다른 물결들이 밀려들고 있다. 사람들이 서로 대화하고, 생업을 위해 상호 교환하고, 서로의 운명을 나누면서 하느님에 대해서 한마디도 말하지 않는 것이 가능하다 할지라도 모든 것은 결국 하느님으로부터 오는 것이다. 최종적으로는 결국 하느님으로부터 우리에게 제시된 문제들이 결정되는 것이다. 우리가 우리의 깊은 차원과 함께 하느님에게로 와서, 하느님으로부터, 그분의 자유와 힘으로부터 이 무질서의 주인이 되느냐, 그렇지 않느냐에 따라 이 모든 것이 결정되는 것이다. 그리고 하느님에게 자신을 완전히 내맡기고, 하느님과 함께, 하느님 앞에서 본격적인 결정들을 외로이 지탱해 나가는 사람이 존재하느냐 그렇지 않느냐에도 이 모든 것이 달려 있다.

나는 이러한 힘들이 이미 작용을 하고 있음을 느끼고 있다. 하나의 거대한 것이 발생되어 나오고 있고, 하나의 내적 존재가 어디에서나 일어나고 있다.

사랑하는 친구, 내가 이 편지에 쓴 것이 다른 이들이 지닌 문제를 생각할 때 느슨한 것일 수 있다는 것을 알고 있다. 최종적으로 나는 내가 마음 깊은 곳에서부터 믿고 있는 사실, 즉 하느님이 섭리하고 계신다는 사실 이외에 다른 어떤 것을 더이상 말할 수 있는 것을 알지 못하고 있다. 역사는 그의 근본으로부터 흐르고 있고, 우리는 하느님이 행하시는 것에 대하여 신뢰하면서 준비되어 있어야만 한다. 그리고 하느님이 우리에게 불어넣어 주시고, 우리 안에서 작용하시고 있는 것을 우리가 느끼고 있는 힘들을 신뢰해야 한다.

기계와 인간

1

이 강의[4]는 인간이 자신의 문화를 발전시켜 가는 과정에서 자연으로부터 에너지와 사물들을 자신이 실행하는 단계에서 사용해 나가는 방식, 즉 도구, 설비 그리고 기계들을 만들어 내는 방법과 같은 식으로 이행되어야 한다.

이러한 기계 문명이 어떻게 형성되었으며, 기계가 어떻게 만들어지고 있는가에 대하여 내가 이 강의 시간에서 여러분들에게 말한다면, 그것은 여러분들이 꼭 들어야 할 가치를 지니지 못한 것이 될 것이다. 이런 문제에 대해서는 여러분들이 이미 나보다 더 많이 알고 있다. 여기서 다루어지는 것은 기계의 객관적 구조와 기능이 아니라 기계가 인간의 실존에 어떤 의미를 지니는가에 대한 것이다. 좀 더 정확하게 말하자면, 기계의 등장과 사용이 인간의 전체적 삶에 어떤 영향을 미치고 있는가라는 문제를 다루고자 한다.

내가 여기서 강의하려는 것은 실존적인 문제의 성격과 이러한 실존적인 문제를 위한 염려의 성격을 지니고 있다. 그러므로 기계가 가져오는 현상 속의 부정적인 요소와 기계에 의한 위험과 파괴의 가능성이 특별히 더 고

4 이 강의는 뮌헨 공과대학에서 행해졌다.

려의 대상이 될 것이다. 그러나 내가 여러분들에게 당부하고자 하는 것은 이러한 현상에 대해 통속적인 비판이 가하는 것과 같은 비관주의적인 태도를 보고자 기대하지 말아 달라는 것과, 하나의 시대가 끝나고 새로운 시대로 접어들 때 보수적인 사람들이 새로운 시대에 대해 갖는 그런 거부감을 기대하지 말아 달라는 것이다. 여기서 언급되어야 할 것은 하나의 능동적이고 긍정적인 염려이다. 그것은 바로 기술 문명이 완전히 진행되어 나갈 때 그것이 가져올 수 있고 또 가져와야 하는 그런 것을 실제로 이루어 내겠느냐는 문제이다.

이러한 염려는 여러분들도 틀림없이 감지하게 될 것이다. 건강한 낙관주의자는 이러한 모든 문제들에 대하여 자신의 최선을 다해 나갈 것이다. 그리고 이러한 행위를 위한 책임 의식 역시 동행될 것이다. 그러므로 여러분들 모두에게 기계의 현상이 가져오는 긍정적인 효과와 위험한 효과 모두를 파악하여 주시하는 것이 상당한 의미를 지닌 일이라고 생각된다.

2

우리가 지금 언급하고 있는 제작물들은 도구에서부터 시작된다.

우리는 도구라는 말이 인간이 어떤 특정한 일을 수행해 나가는 데에 있어서 그의 몸의 지체들의 능력을 더 높이기 위해 받아들여 사용하는 물건을 지칭하는 것으로 이해하고 있다. 예를 들어 돌은 인간의 맨주먹이 가할 수 있는 충격의 효과를 높여 주는 역할을 한다. 만약 돌이 사용되는 목적에 알맞도록 다듬어질 경우에 그 효과가 상승되고, 이 돌이 막대기 끝에 묶여질 경우에는 그 효과가 더욱더 증가된다. 이러한 방식으로 망치가 형성되어진다.

도구는 이와 같이 단순한 형태에서 점점 더 복잡한 형태로 진보되어 간다. 도구들이 지닌 효력은 점점 더 강해지고, 정확해지며 다양해진다. 이러한 과정에 있어서 물질의 종류를 선택하는 일과 장식들을 부과하는 것 등에 작용하는 심미적인 요소도 간과할 수 없는 것이다. 그리고 특히 기능 자체가 일정한 형태를 통해서 발휘되는 것을 잊어서는 안 되는 일이다. 인간이 살아가는 데에 있어서 영양을 공급하는 일, 안전을 도모하는 일 그리고 그의 삶을 풍성히 넓혀 가는 일과 같은 목적들에 다양한 요소들이 필요하게 되고, 그래서 각 종류의 매우 다양한 제작물들이 생겨나게 된다. 그러나 이러한 도구들은 언제나 인간의 육체가 지닌 기능에 맞추는 범위에 본질적으로 머물러 왔다. 이들은 인간의 감각과 지체 그리고 기관들이 수행해 나가는 것을 좀 더 강하게, 좀 더 섬세하게, 좀 더 정확하게 해 나가도록 도와준다.

그 다음에 이어지는 현상은 기구Vorrichtung 이다.

이 기구라는 것은 인간의 정신과 육체가 직접적으로 가진 영역의 바깥에 서 있는 물건들로 구성된 것으로서 자연의 에너지가 어떤 특정한 목적에 효율적으로 작용하도록 조절하는 것을 두고 말한다. 이 기구에 적용되는 법칙들은 아직 이성적으로 충분히 검토된 것이 아니고 축적된 경험에 의해 규칙으로 알게 된 그런 것이다.

예를 들자면 곡식 낟알들을 잘게 부수는 역할을 하는 이빨 대신에 두 개의 돌로 구성되어 아랫돌은 고정되어 있고 윗돌은 돌릴 수 있게 만들어 손으로 돌리는 맷돌이 그 기능을 담당하게 되었다. 이러한 기능은 흐르는 물의 힘을 나무 바퀴로 사용해서 사람이 손으로 돌리는 자리에 작용하도록 연결해 나갈 때 더욱더 강해진다. 여기서 생겨난 것이 물레방아이다.

이런 과정에서 인간은 지속적으로 기구들을 개발하

여 기능들만 따로 분리해 내어 목적에 더욱더 합리적으로 작용하도록 하는 것에 성공해 나갔다. 이러한 것들에서 인간은 도구를 사용하던 경우와는 달리 자신이 직접 육체적인 작용을 가하지 않고도 원하는 결과들을 가져올 수 있게 되었다. 그렇게 해서 인간의 주위에는 인간을 주변의 자연 환경들이 지닌 위협들로부터 지켜 주고, 자연에 자신의 직접적인 행위를 가하지 않아도 일을 성취시켜 주는 기구들, 즉 집, 방아, 덫, 수레, 작은 배 등 그 외 여러 가지들이 생겨나게 되었다.

이러한 기구들이 가진 편리함은 "호모 파베르homo faber"인 인간들로 하여금 이들을 지속적으로 발전시켜 나가도록 했다. 기구들의 기능은 점점 더 강해지고, 섬세해지고 정확하게 되어 갔다. 그리고 기구들에 사용되는 재료와 에너지들은 점점 더 적어지면서 기능은 점점 더 정확해져 갔다. 이러한 것이 더 진행되어 기계가 생겨나게 된 것이다.

3

우리는 규칙적으로 정확하게 작동하는 물레방아에 대해서 이것은 아직 품질이 좋은 기구에 지나지 않는 것이다라고 말할 수도 있고, 동시에 이것은 이미 하나의 기계다라고 말할 수도 있다. 기계로 인정될 수 있는 것은 그 기능을 학문적으로 깊이 탐구하여 설정한 작용을 정확하게 수행해 내도록 기술적으로 만든 것이다.

이러한 기계의 특성은 기계에 사용되는 에너지가 물의 압력이나 위치 에너지와 같이 자연에서 있는 그대로 발견되는 것이 아니라 증기 압력, 전기, 원자력 등과 같이 학문적인 탐구를 통해 자연 속에 들어 있는 것을 분리해 내어 설정한 어떤 작업에 효율적으로 작용하도록 한 에너지일 경우에 더욱더 두드러지게 드러나게 된다.

기계가 인간이 이전에 행하던 직접적인 일을 대신하므로 인간이 행하는 작업은 이 기계를 만드는 것과 기계가 잘 작동하도록 돌보는 일의 범위로 제한된다. 여기에서 더 나아가 인간은 기계에 힘입어 자신의 힘을 훨씬 더 초월하는 일조차 계획하고 수행해 나갈 수 있게 되었다. 이것에 대해서는 지난 수십 년간 엄청나게 진행되어 온 과정들이 잘 말해 주고 있다.

어느 하나의 기계가 가진 특수한 기능은 다른 기계들과 상호 연계를 가지게 되고, 다른 기계들이 더 생겨나게 한다. 이러한 과정에 의해 공장들, 회사들이 생겨나고, 회사들은 상호 연계 속에 얽혀 들게 된다. 이렇게 진행되어 하나의 사회적 구조가 생겨나게 되는데 그것이 바로 산업Industrie이다.

도구와 기구들은 쉽게 알아볼 수 있는 과정들로 만들어지고, 쉽게 행할 수 있는 기능들을 수행한다. 이것들은 자연에서 발견할 수 있는 것들을 사용하는데, 단지 이것들이 지닌 문제는 필요로 하는 원재료를 찾아내는 것과 그것을 설정한 목적에 맞추어 재구성하는 일이었다.

이런 일은 인간의 기관과 주어진 자연에 대한 관계는 우리가 전통적 문화들에서 발견하는 조화와 같이 자연스러움과 인간적인 것을 유지하고 있었다. 도구와 기구들의 작용은 자연과의 직접적인 관계와 본질적으로 주어진 인간성을 깨트리지 않고 진행된다.

그런데 기계가 점점 더 발달해 나갈수록 그만큼 더 이러한 관계는 부서지게 되는데, 그 이유는 한편으로는 기계와 사람 사이에 그리고 또 다른 한편으로는 기계와 자연 사이에 학문적 인식과 기술적인 구성이 자리잡아서 작용해 나가기 때문이다. 이러한 것은 기구들에게서 보이는 바와 같이 수작업과 쌓여 온 경험에 근거하여 형태를 구성해 나갈 뿐만이 아니라 비가시적인 학문적 이론과 기술적인 구조의 복잡함에 의해 구성되는 것을 의미한다.

학문적인 통찰이 자연의 근본 구조로 깊이 들어갈수록 이러한 현상도 더욱더 많아진다. 하나의 볼록렌즈가 작은 물체를 크게 보이도록 하여 인간의 시력을 도와주는 것에 대해 인간은 쉽게 이해하고 이러한 현상이 일어나는 과정을 직접적으로 검정할 수 있다. 그러나 이러한 볼록렌즈들이 여러 개 구성되어 일반 사람이 쉽게 이해할 수 없는 현미경이 등장할 때에는, 여기에서 더 나아가 전자 현미경이 등장하는 경우에는 이와는 다른 것이다. 관찰자가 이것을 이용하여 이전에는 오직 이론적인 생각으로만 가능했던 미세한 물체를 관찰할 경우에 그는 이 기구에 의존할 수밖에 없고 이 기구 없이는 그 미세한 물체로 접근할 가능성을 전혀 가지고 있지 않은 것이다. 그와 물체 사이에는 학문적 생각과 이 학문적 생각이 구체적 현장으로 옮겨져서 이룩해 놓은 기술적 구성이 놓여 있다. 기계는 인간으로부터 만들어진 것이 분명하지만, 이렇게 그 기능이 극대화될 경우에는 기계의 작용에 의한 결과는 우리의 구체적 생활 감각과는 거리가 매우 멀어 마치 낯선 존재처럼 보이는 것이다.

4

이러한 현상을 두고 볼 때 기계는 도대체 인간에게 어떤 의미를 지니는 것인가?

기계가 가진 가치들을 나열하기에 앞서서 먼저 기계의 목적들을 점점 더 효율적으로, 점점 더 세밀하게 그리고 정확하게 채워 나가는 가능성에 대하여 언급해 보자. 기계가 가진 기능에 의해서 넓고 다양한 기계 문화가 성장해 나가고 있다.

이 기계 문화에 힘입어 점점 더 세밀하고 점점 더 거대한 인식과 작업을 해 나갈 수 있게 되었으며, 이 세계를 인간에 의해 재구성되고 인간에 의해 지배되는 세계로 만들어 가고 있다.

두 번째로 언급할 것은 인간의 지배력 또는 힘Die Macht[5]이 점점 더 증가하고 있다는 사실이다. 이 지배력은 인간에 의해 직접적으로 만들어진 가치이다. 자연 사물은 있는 그대로 존재할 뿐이지만, 인간은 이것을 인식하고

5 역주 : Die Macht란 단어가 가진 의미는 힘, 지배력, 권력, 세력, 능력, 주권, 권세, 위세 등이다. 이 단어를 우리말로 옮기는 데에 있어서 문맥의 전후를 보아서 우리말이 잘 연결되도록 이들 중의 하나를 그때그때 선택했다. Die Macht는 단순히 힘만을 의미하는 Die Kraft와는 다르다. Die Macht를 정확하게 표현해 주는 우리말을 찾기가 쉽지 않았다.

소유한다. 자연의 에너지는 자연 법칙들에 따라 일정한 작용들을 하지만 인간은 에너지가 일정한 방향으로 작용하도록 방향 지우고 규정한다. 인간은 지배력을 획득함으로써 자신의 인간성을 실현해 나간다. 성공적으로 이루어진 행위마다에서 인간은 자신의 성취감을 느낀다.

이러한 지배력은 동시에 해방을 의미한다. 자연에 대하여 잘 이해하지 못하는 무식한 사람은 무서움에 사로잡힌다. 자연의 힘을 조절해 낼 능력이 없는 사람은 자연의 힘들이 공격해 올 때 그것에 의해 정복당하고 만다. 이러한 유약함에서 생겨나는 것은 바로 공포감이다. 우리가 역사를 거슬러 올라갈수록 공포감은 더욱더 커진다. 지식과 기술이 발전해 나갈수록 그만큼 공포감은 작아진다. 인간은 점점 더 자유로워지고, 그는 주인이 된다.

여기에 하나의 또 다른 국면이 첨가된다. 짐승은 자신의 기관에 의해 규정된 대로 주변 세계에 적응해 들어가지만 인간은 근본적으로 세계를 전체로 파악하고 이것에 대하여 반응한다. 물론 이러한 보편성은 역사 안의 각 시대가 가진 한계 조건들에 의해 제한을 받기도 하고, 한 개인은 그가 받은 교육 정도와 그의 사회적 위치 등이 허락하는 범위 정도에 따라 제한을 받기도 하고, 그만큼만 주변 세계를 인식하기도 한다. 이러한 한계성들은 상대적인 것이고 최대한 바깥으로 밀쳐질 수 있는 것이다. 각 개인이 지닌 한계성도 그가 열심히 노력하여 배워 나가면서 그리고 그의 후손들에 의해 줄여질 수 있는 것이고, 역사가 진행되어 가는 과정 중에 그가 놓여져 있는 자리를 개선해 나가면서 줄여질 수 있는 것이다. 인간의 태도는 점점 더 큰 것을 지향해 나가서, 그의 목표는 전체를 정복해 나가는 것과 세상 자체를 손아귀에 움켜쥐는 것이 된다. 그러나 좀 더 정확하게 분석해 보면 나와 세계와의 관계Ich-Welt-Verhältnis가 벌써 제한성을 지닌 관계라는 사실을 알게 된다. 왜냐하면 이 관계는 인간이 자신의 지성에 힘입어 자연과 직접적으로 얽혀 있는 관계로부터 벗어나 존재자들을 대상으로 삼을 때 생겨나는 것이기 때문이다. 이러한 행위 안에서 인간은 하나의 대상물을 전체 안에서 파악하게 되고, 개개의 대상물 안에서 전체, 즉 세계를 파악하게 된다.

기계에 의해 인간이 세계에 대해 가지는 관계는 현저히 눈에 띄게 되었다. 오늘날 우리는 인간이 세상에 대해서 가지는 관계가 특별히 두드러지는 시대를 살아가고 있다. 인간은 이 땅에 대한 자신의 관계를 점점 더 풀어 나가서 기계를 수단으로 하여 이 세계에 대한 관계에서 자신의 직접적인 힘으로는 도저히 도달할 수 없는 정도까지 도달해 있다.

역사가 진행되어 가는 도중에 인간이 그 안에서 살아가는 사회적 구조들은 점점 더 넓혀져 갔다. 씨족은 부족이 되었으며, 부족은 민족으로, 민족은 민족들로, 민족들은 민족 연합체로 그리고 그 이상으로 진행되어 나갔다.

지난 세기는 정치적 상황들과 자극들이 나라를 중심으로 형성되었고, 지구 전체의 정치적 장이 파악되어 각 국가들은 상호 긴밀한 의존관계에 있다는 사실이 인식된 것으로 특징지어졌다. 이제는 어느 한 문제가 발생했을 경우 인류 전체가 그것을 공동으로 지고 나가는 시대가 된 것이다. 인류 전체가 하나의 국가를 만들어 살아가는 것에 대한 생각은 아직 유토피아적인 생각이겠지만 현재 세계가 동서 양 진영으로 나누어져 서로 대립하고 있는 모습은[6] 하나의 국가가 앞으로 다가올는지도 모른다는 사실을 시사하고 있는 것으로 보아도 무방할 것 같다.

이러한 과정은 인간이 자신의 삶의 영역을 단순히 이 지구상으로만 한정하지 않고 조만간 지구를 벗어나서 우주를 향해 나아갈 것이라는 사실을 시사하고 있다. 우주를 향하는 측면과 지구 내에 존재하는 현세적인 상황이

6 역주 : 과르디니가 이 강의를 20세기 60년대 초반에 했다는 사실을 염두에 두면 그가 이렇게 말하고 있는 것을 어려움 없이 이해할 수 있겠다.

서로를 견제하고 있다. 그런데 이 두 가지 측면은 엄밀한 의미에서 기계에 의해 가능하게 되었다.

5

앞에서 말한 것에서 이제 우리의 현실적 삶의 근본에 직접적인 영향을 미치고 있는 문제들에 대한 의식이 깨어져 나온다.

인간적인 사물들 안에는 한쪽 방면으로만 영향을 미치는 작용은 없다. 모든 종류의 작용들은 각각 반작용을 가지게 된다. 인간이 행하는 행위는 모두 처음부터 양극과 음극을 가진다. 인간이 어떤 행위를 했을 경우에 그 행위가 행위자의 바깥에만 머무는 경우는 없는 것이다. 그 행위는 그 안에서 반작용을 일으키면서 영향을 미치게 된다. 우리가 어떤 사물을 소유하는 경우에는 우리가 이것을 소유하기도 하지만 이 사물 역시 우리를 소유하게 된다. 이러한 사실에 대해서는 가난함과 부유함 두 가지에 대한 소유의 체험을 심리학적으로 분석해 보면 알게 된다. 내가 어떤 것에 대한 사실을 알게 되면, 나 역시 알게 된 사실에 의해 영향을 받게 된다. 여기서 우리는 다시 한번 더 점점 더 많아지는 지식이 삶의 용기를 높일 수도 있고, 본질적인 깊이에까지 도달하지 못한 많은 종류의 지식이 우리를 회의에 빠지게 할 수도 있다는 사실을 생각할 필요가 있다.

이제 우리는 기계의 영향에 의해 실재에 대한 인간의 자세가 양극단으로 나아가는 것에 대하여 몇 가지를 고찰해 보자.

우리는 기계가 점점 더 증가하는 세력을 제공하고 있는 사실을 보았다. 세력을 가진다는 것은 세력을 가진 자가 다른 존재들에게 그것이 다른 어떤 것이 되도록 영향을 주는 것을 의미할 뿐만 아니라, 자신도 자신으로부터 영향을 받는 다른 것에 의해 자신의 위치가 달라지는 것을 의미한다. 세력을 획득한 자는 그것을 체험하게 되고, 이러한 체험은 그의 정신과 감정에 영향을 주게 된다. 세력을 가진 자는 그것을 관리해야 한다. 그는 자신이 가진 세력에 대해 책임을 져야 하고, 그래서 자신이 가진 세력은 그에게 있어서 하나의 윤리적인 문제가 된다. 만약 그가 이러한 반작용들로부터 벗어나려는 시도를 한다면, 그는 인간적인 것에서 벗어나 이론적이고 실천적인 관계들의 논리에로 빠져들게 된다.

이렇게 하여 기계가 제공하는 세력으로부터 여러 종

류의 위험들이 자라나게 된다. 물리적인 측면에서 보자면, 공개적이든 비공개적이든 간에 하나의 인간 집단이 일으킨 전쟁에 의해 다른 인간 집단이 엄청난 피해를 입는 것이 여기에 해당된다. 정신적인 측면에서 본다면, 어느 한 사람이 느끼고 생각해 나가는 데에 있어서 다른 사람의 영향을 매우 많이 받는 것을 들 수 있다. 이 점에 대해서는 우리가 신문, 라디오, 광고 매체 등이 공적인 견해에 미치는 영향을 생각해 보면 충분히 알게 된다.

이러한 것은 인간에게 이것에 따른 책임성이라는 부담을 지우게 된다. 인간이 이러한 책임성을 제대로 수행해 나가고 있는가? 그가 도대체 이러한 책임성을 느끼기라도 하고 있는가? 만약 그러하다면 이러한 것은 그가 힘을 확보하려는 것과 확보한 힘을 사용하는 데에 반영되어야 할 것이다. 이러한 작업에 대한 전제 조건은 기계를 사용하는 인간이 이러한 기계에 대하여 자유로운 상태로 있어야 하며, 기계가 작용하는 범위에 대하여 그가 결정할 수 있는 상태에 있어야 한다. 그런데 인간이 이러한 작용을 하고 있는가? 이러한 것에 대한 품성이 있는가? 이에 대한 대답은 아직도 한참 뒤에 서 있다. 기계에 대하여 이러한 자세를 취하려는 시도가 자주 하나의 "낭만적인 생각"으로 간주되고 마는 사실은 우리가 안심하고 있을 수 없게 하는 현상이다. 실재에 있어서 오늘날의 사람들은 기계와 기계의 작용은 당연히 그렇게 존재하는 것으로 간주하고 있으며, 그래서 이러한 것에 대하여 아무것도 바꿀 것이 없는 것으로 생각하고 있다.

기술 문명에 대하여 그렇게 특별히 반대하지 않는 일간지 "프랑크푸르터 알게마이네 차이퉁Frankfurter Allgemeinen Zeitung"에 실린 한 기사는 이러한 것에 대하여 매우 예리하게 드러내 주고 있다. 이 기사 내용은 다른 사람과의 대화를 그 상대편이 알아채지 않도록 하면서 매우 자연스럽게 녹음을 할 수 있는 가능성에 관한 것이었다. 이러한 것은 사람들이 상호 관계에서 가장 중요한 요소 중의 하나인 신뢰성을 무너뜨릴 수 있는 근본적인 위험을 의미하는 것이다. 이 기사는 다음과 같이 계속되고 있다 ; "얼마 전에 산업은 이제 조금만 있으면 손목시계처럼 차고 다닐 수 있는 소형 녹음기를 만들 수 있을 것이라고 보도했었다. 그 이후 지금까지 상당한 진전이 있어서 이제는 손목시계처럼 작기만 할 뿐만 아니라 손목시계와 같이 숫자판과 시계침까지 똑같이 갖고 있는 위장을 한 녹음기가 등장했다… 어느 한 손님이 점원에게 사람들이 이러한 것을 차고 다니면 그것은 다른 사람을 불편하게 하는 일이 되지 않는가라고 물었다. 불편하게 한다고요? 무엇 때문에 불편합니까?라는 말이 그 점원의 되물음이었다. 이전에는 이렇게 작은 녹음기는 전문적인 스파이들이나 사용하는 것이었다. 그런데 오늘날에는 일반인 모두를 위해서 생산되고 있다. 그리고 적지 않은 수의 사람들이 이것을 구입하고 있다. 우리는 이러한 추세를 막을 수는 없다. 우리에게 허락된 것은 '제기랄, 이런 것들이 어디까지 갈 건가'라고 중얼거리는 것이다." "아주 작은 스파이들", Frankfurter Allgemeinen Zeitung 1959년 9월 10일. 이 기사를 보도하는 기자는 다시 한번 더 "제기랄, 이런 것들이 어디까지 갈 건가!"라는 말을 하고 있다. 그는 이러한 객관적인 사실에 윤리적인 판단을 가하고 있는 것이다. 여기서 다루어지고 있는 문제의 관건은 기계에 대하여 어떤 낭만적인 두려움을 가지는 것에 대한 것이 아니라 인간의 생존을 안전하게 보장하기 위해서는 손을 대지 말아야 하는 근본적인 어떤 것에까지 기계의 힘이 미치고 있다는 사실이다. 함께 살아가는 데에 필수 불가결의 조건인 상호 신뢰가 손상되어 갈 때 함께 살아가는 것 자체가 불안전해지고 어려워지는 것이다.

같은 신문의 톱기사에서 개인적인 텔레비전의 가능성들에 대하여 언급하면서 매우 근본적인 것을 말하고 있다 ; "기술은 인간의 성격 안에 들어 있는 파괴적인 본능을 엄청나게 키워 나갈 수 있다. 논리적으로는 핵물리학자들이 윤리적인 판단으로부터 자유로운 것과 마찬가지로 기술자들은 어느 것으로부터도 구속을 받지 않고 자유롭다. 그러나 사실에 있어서 우리는 오늘날 진행되어 나가고 있는 기술 문명의 현상이 인간 안에 들어 있는 파괴적 본능이 추구하고 있는 것을 목적으로 향해 가고 있는 것을 보면서 가슴이 조여드는 고통을 느끼고 있다. 권력에 대한 욕심, 타인을 자기 마음대로 좌지우지左之右之 하고 싶어하는 욕심, 비열한 호기심 그리고 남의 비밀을 들추어내고 싶어하는 욕심 등이 새로운 기계들의 도움을 받아 점점 더 증가되어 악으로 넘어갈 수 있는 경계선에까지 도달하고 있다" "멀리서 너를 보고 있다", Frankfurter Allgemeinen Zeitung 1959년 8월 25일.

이러한 현상들이 점점 더 많아진다면 그것은 무엇을 의미할까? 인간을 자유롭게 해야 할 힘die Macht이 오히려 반대로 인간을 부자유스럽게 하고 있다.

또 하나의 질문은 인간이 이렇게 자라는 힘에 대한 민감한 감각을 지속적으로 지닐 수 있느냐는 문제이다. 감지할 수 있는 가능성이 무한한 것은 아닌 것이다. 우리는 총에 맞은 어떤 사람이 쓰러지는 것을 볼 때 그 총알의 작용에 대하여 감지할 수 있다. 우리는 건물이 파괴되는 것을 볼 때 폭탄의 위력을 감지할 수 있다. 그런데 수학적인 계산을 통해 조절해 나가는 로켓의 진로를 우리가 감지해 낼 수 있을까? 여기에서는 "느낌"이라는 현상은 더 이상 작용하지 못하고 단지 미리 계획한 것에 따른 작용만이 등장할 뿐이다.

오늘날 사람들은 "엄정한 객관성Sachlichkeit"을 초현대적인 덕목으로 말하고 있는데, 이것은 자신이 감각적으로 느끼는 것으로부터는 가능한 벗어나서 하나의 특정한 임무를 완성해 나가는 것에 초점을 맞추고 있다. 이러한 태도를 가져야 우리의 시대가 우리에게 부과하는 엄청난 과제들을 잘 수행해 나갈 수 있는 것으로 보고 있는데 그것은 올바른 견해이기도 한 것이다. 그러나 이러한 엄정한 객관성은 다른 한편으로는 느낌이라는 중요한 기능을 쇄락하게 하고 있다.

이러한 현상이 우리의 상황 전체에서 진행되어 나가고 있는 것은 이미 명백한 사실이 되었다. 내적이고 신중한 삶의 형태로 돌아가기를 원하는 것은 하나의 낭만적인 생각으로 여기고 말 수도 있다. 그런데 인간이 자신의 느낌을 버려야 하는 상태로 점점 더 빠져들어 갈 경우에 어떤 일이 발생할 것인가에 대해 질문을 던져 보는 것 또한 엄정하게 객관적인 것이 될 수 있는 것이다. 그렇다면 느낌이라는 기능은 점점 더 약해질 것이고, 이 느낌이라는 것이 완전히 중단되면 어떤 것도 생생히 살아 있는 것으로 와닿지 않을 것이다.

이러한 사람에게 있어서 매우 소중한 인간적 가치들이 그러한 존재로 남아 있게 될까?

이러한 진행 과정은 또 하나의 다른 현상을 드러내고 있다. 모든 종류의 기술적인 작업은 자연을 소유하고, 사용하고, 다른 형태로 전환시킨다. 그래서 자연은 문화Kultur로 진행되어 간다. "자연Natur"이라는 것은 원래 그대로 있는 것을 두고 말하는 것이고, "문화"란 것은 인간이 자연으로부터 만들어 낸 모든 것을 두고 말하는 것이다. 역사가 진행되어 나가면서 현존재Dasein 안에서 문화적인 요소는 점점 더 강해지고, 자연적인 요소는 점점 더 약해져 간다.

기계의 등장과 더불어 이러한 현상은 하나의 새로운 단계를 맞이하게 되었다. 자연은 근본적인 부분까지 파악되어 이용의 대상이 되어 가고 있다. 인간이 자연 속으로 깊이 나아가는 일이 있을 경우에도 그는 문화적인 자세를 함께 가지고 간다. 이것에 대해서는 우리가 일종의 유행이 되어 버린 사진기의 영향에 대해서 생각해 보고, 여행자들이 사물들을 어떻게 만나는가에 대해서, 또는 여행

단이나 휴가를 위한 단체가 어떻게 조직되는가에 대해서 그리고 도시 안에서 레크리에이션을 위한 사업들이 어떻게 조직되는가에 대해서 생각해 보면 알게 된다.

이러한 진행 현상은 피할 수 없는 것으로 보인다. 여기서 문제는 인간의 본질 안에 존재하는 자연적인 요소들의 균형들이 점점 약화되어 가고 있는 것이 이러한 것에 어떠한 작용을 불러일으킬 것인가 하는 것이다.

새로운 기계가 만들어질 때마다 그것은 인간이 이전에는 자신의 정신력과 육체력으로 처리해 내던 일을 기계에게 넘겨주는 것을 의미한다. 원천적으로는 자신의 주관적인 판단과 능력으로 자신의 삶의 일부로서 행하던 것이 이제 객관화되어 버리는 것이다. 이러한 것에 의해 인간은 일상생활의 많은 수고로부터 벗어나서 자유롭게 된다. 그러나 이러한 것은 다른 한편으로 이 세상 안에서 구체적인 체험을 해 나갈 수 있는 가능성과 자아실현의 가능성을 상실하게 한다. 이전에 오직 돛단배만 있었을 때 항해를 한다는 것은 위험한 일이기도 했지만, 그것은 사람이 용기를 내어 자신의 주변 세계를 개척해 나가도록 하는 일이었으며 삶을 생기 있게 하는 요소이기도 했다. 현대적인 배는 위험을 점점 더 제거해 나가고 있고, 그래서 여행자는 이제 물위에 떠 있는 호텔에서 며칠 동안 안락한 생활을 즐기는 느낌을 가지게 되었다. 존재의 전체적인 차원에서 볼 때 이러한 현상은 이익을 가져오는 것인가 아니면 손실을 가져오는 것인가?

기계가 이전에는 전혀 알지 못했던 많은 양의 자유를 가져온 것은 우선 하나의 이익으로 다가왔다. 그러나 자유의 가치는 무엇으로부터의 자유에만 있는 것이 아니라 무엇을 위한 자유에도 상당한 비중을 두고 있다. 일반 교육자 모두는 기계에 의해 생겨난 자유시간이 어떤 종류의 문제들을 불러일으켰는지 알고 있다. 기계의 도움으로 얻게 된 자유로운 시간들과 주말을 의미 있게 보내지 못하게 될 경우에는 이것은 손실을 의미하는 일이다.

마지막으로 더 언급해야 할 것은 인간 삶의 내면의 세계에 영향을 미치는 것에 관한 것이다. 점점 더 깊이 발전해 나가는 학문과 기술, 이들에 의해 영향을 많이 받는 경제 생활, 교통과 공공의식 등은 종교적 체험의 능력과 종교적 동기의 수용 능력을 감소시켜 나가는 작용을 하고 있다. 오늘날을 살아가고 있는 사람들의 주의력은 지성적이고 유용성을 앞세운 일들에 모아지기 때문에 인간 실존에 중요한 "다른 측면"에 관심을 두는 것을 잃어 가고 있다.

그래서 기계의 등장을 문화의 충만으로 보는 유물론적 공산주의가 종교적 삶을 정책적으로 파괴해 나가려고 시도하는 것이 결코 우연한 일이 아닌 것이다. 공산주의는 학문과 기술을 존재의 근본 바탕으로 간주하고 있고, 학문과 기술이 존재의 근본이기에 인간이 가진 실제적인 힘들을 모두 여기에 투자해야 하는 것으로 보고 있다. 그렇기 때문에 모든 종교적인 요소들은 해로운 작용만 하는 것으로 여겼다. 역사의 전개 과정의 제1단계는 종교이고, 제2단계는 철학이며, 참된 단계인 제3단계는 학문이라고 생각한 콩트와 같이 역사적 진보에 대하여 낙관적으로 생각한 사람들에게는 종교적인 것이 사라지는 것은 하나의 큰 이득을 가져오는 것이었다. 좀 더 깊이 보는 사람은 종교적인 요소를 잃는 것은 중요한 하나의 요소를 잃는 것일 뿐만이 아니라 인간의 가장 깊은 내면세계에 들어 있는 본질적인 요소를 잃는 것이 된다는 사실을 알고 있다.

다른 한편으로 이러한 진행 과정은 종교적 현존이 지닌 문제들에 대하여 좀 더 깊이 생각하게 했으며, 종교적 행위의 중요한 요소들에 있어서 지금까지보다 더 깊이 근본적으로 인간의 인격 깊숙이 들어가서 신뢰와 용기를 가지고 판단을 내리도록 했다. 이러한 문제들에 대해서 여기서 더 많이 다룰 수 있는 여유는 없으므로 그대로 두도록 하자.

6

앞에서 말한 이 모든 것에서 긴급하고도 깊은 과제들이 제시되어 나오고 있다. 여기서 나는 하나하나 구체적으로 나열해 나갈 수는 없지만 기술 문명의 현재와 미래를 지고 나가고 있는 여러분들이 이것에 대해 좀 더 주의깊게 관심을 기울이는 것이 매우 중요하다는 사실을 말하고 싶다.

내가 걱정해 나가는 것 중에는 구체적인 행위를 해 나가는 사람을 의심하게 하는 것도 있다는 사실에 대해서도 알고 있다. 이러한 것은 종종 몰이해를 의미하기도 한다. 이러한 것은 경우에 따라서는 종말이 눈앞에 있을 것으로 생각하는 사람들로부터 오기도 한다. 또한 드물지 않게 이러한 것은 하나의 낭만적이고 감상적인 느낌의 표현이기도 하다. 그렇지만 우리는 또한 현실적인 문제들을 너무도 쉽게 잊어버리고 있는 사람들도 있다는 사실을 간과해서는 안되겠다. 어떤 사람은 진보의 힘에 대해서 지나치게 맹신하는 사람도 있다. 그는 모든 것은 결국 올바르게 진행될 것으로 생각하고, 자신은 이것에 대해 아무런 책임도 없는 것으로 여기기도 한다. 그러나 사실에 있어서는 이러한 문제는 구체적인 현실을 살아가고 있는 사람과 그의 미래에 관한 것이다.

사람들은 새로운 미래에 대한 상상을 즐겨 행한다. 유토피아는 종종 현실이 되기도 한다. 그리고 사람들은 해결 방안들을 나름대로 제시해 보기도 한다. 인간은 이제 자기 자신을 스스로 건설해 나갈 수도 있고, 동시에 파괴해 나갈 수도 있는 상태에 놓여 있기 때문에 하나의 새로운 덕목neue Tugend을 필요로 하고 있다. 많은 경험들을 축적하여 개별적인 현상들에서 벗어나 전체를 조망하면서 다스릴 수 있는 능력이 생겨나야 하며, 이러한 능력을 갖춘 사람이 등장해야 하겠다. 우리의 존재 전체를 관망하여 올바른 판단을 내릴 수 있는 사람을 현대는 필요로 하고 있다.

이러한 생각이 하나의 유토피아적인 생각일 수도 있겠지만 유토피아들은 자주 진지한 인식들과 행위들을 이끌어 내는 선구자가 되기도 했었다. 여러 징조들이 이러한 방향에 놓여 있는 것으로 보고 있는 나의 안목이 틀리기만 한 것 같지는 않다. 그런데 이러한 방향에 있는 모든 것들이 개별적으로 흩어져 작용하고 있고 머뭇거리고 주춤거리고 있는 사실은 마음을 불안전하게 한다. 역사 안에서 진행되어 온 것을 되돌아보면 건설하고 서로를 일치시켜 주는 힘들은 파괴적인 폭력보다 천천히 작용하고,

문제를 해결해 나가면서 도움을 주는 행위는 종종 너무 늦게 오기도 한다. 전체를 조망할 수 있는 능력을 키워 나가는 데에는 학문과 기술이 함께 많은 역할을 해내어야 하는데 우리의 역사 안에서 다가오는 위험에 대처해 나갈 수 있는 이러한 의식을 키워 낸다면 그것은 우리 시대가 낳은 커다란 호의好意, Huld가 되겠다.

*이 책은 대구가톨릭대학교 일반대학원 종교영성학과 박사과정 졸업자와 재학생들의 참여로 재 출판하였습니다.

권순도, 김선희, 김용희, 김중석, 박민아, 박소희, 박하영, 신현미, 우웅택, 윤상희, 이수연, 전미경, 정성애, 채창헌, 홍성민

코모 호숫가에서 보낸 편지

기술과 인간

발행일 2024년 11월 24일
지은이 로마노 과르디니
역자 전헌호
발행처 김리아
불휘미디어
경상남도 창원시 마산합포구 오동동10길 87
(055) 244-2067
2442067@hanmail.net

가격 15,000원
ISBN 979-11-92576-68-8 03230